Bien vieillir

Bien vieillir

Monique de Hadjetlaché

farel
EDITIONS

19, rue Georges Bidault, Bât F, Croissy Beaubourg
77435 MARNE-LA-VALLÉE CEDEX 2, FRANCE

Éditions Farel
19, rue Georges Bidault-Bât F
Croissy Beaubourg
77435 Marne-la-Vallée Cedex 2, France

1ère édition : septembre 2008

Sauf mention contraire, les citations bibliques sont tirées de la Nouvelle Bible Segond

Couverture : Jacques Maré – IOTA
Composition : Éditions Farel

Impression : IMEAF, 26160 La Bégude de Mazenc, France
Dépôt légal : septembre 2008 – N° d'impression : 080505
ISBN : 978-2-86314-369-8

Préface

Je suis reconnaissant de ce que l'on m'ait demandé d'écrire la préface de cet excellent livre. L'aurais-je lu sans cela ? Qui aime « vieillir » ou entendre qu'il a « pris un coup de vieux » ? Et pourtant, c'est un processus inéluctable. Alors autant « bien vieillir ». Et pour cela le livre que vous avez en mains est d'une valeur inestimable.

Par sa lecture, j'ai appris que j'avais glissé dans le « grand âge » sans m'en rendre compte. Étant toujours entouré de jeunes, j'avais l'illusion d'être encore un des leurs ! J'ai aussi noté, au fil de ma lecture, que si je pouvais être reconnaissant d'être encore dans une forme que beaucoup m'envient, je le devais, après la grâce de Dieu, au fait d'avoir appliqué plus ou moins inconsciemment beaucoup de conseils que Monique de Hadjetlaché parsème dans son livre. Je le dois aussi au style de vie que ma femme a imprimé à notre famille. « L'heure de notre mort, disait-elle, est décidée par Dieu, mais la qualité de notre vie d'ici-là dépend en bonne partie de nous ». Cela rejoint l'une des pensées dominantes de ce livre : pour « bien vieillir », il faut adopter très tôt une manière de vivre qui prépare une heureuse vieillesse.

Le 3e et le 4e âge ne sont que la suite des âges précédents dont ils accentuent les bons et les mauvais plis comme une loupe grossissante. C'est pourquoi Monique de Hadjetlaché développe dans la première partie de son livre des principes valables pour toute la vie, en abordant bon nombre de questions qui, apparemment, débordent les problèmes de la vieillesse. De sorte que le titre de cette partie aurait pu être d'aussi bon droit : « Bien vivre ».

On vieillit bien lorsqu'on a bien accepté et bien vécu les différentes étapes de la vie, « sans retour en arrière ni saut en avant » (P. Tournier), à l'inverse de ces jeunes qui jouent aux adultes mariés ou de ces parents qui se croient encore adolescents.

C'est un livre que j'ai lu de bout en bout avec intérêt et plaisir. Il est truffé de souvenirs personnels glanés au cours des jeunes années et d'une quarantaine d'années de vie de famille. Les exemples et les expériences s'appuient sur autant d'années de pratique psychiatrique, ce qui rend la lecture vivante et concrète. Des citations émanant de dizaines d'auteurs de tous horizons ancrent les affirmations dans l'expérience humaine générale; les statistiques de l'INSEE brossent un tableau actuel de l'état du 3e âge.

C'est aussi un livre réaliste n'éludant aucun des problèmes spécifiques de la dernière tranche de vie : la retraite, la maladie, les questions financières, les relations, la dépendance, la solitude, la baisse de la mémoire (la hantise de l'Alzheimer), l'ultime étape… Toutes ces questions sont traitées avec un profond respect de la personne (du « quelqu'un »). Le livre se referme sur une vision très positive de la vocation de la vieillesse, pour la personne âgée et pour tous ceux qui l'entourent.

Monique de Hadjetlaché, qui se défend d'être théologienne, fait pourtant de la bonne théologie. Bien que s'adressant à un public très large, croyant ou non-croyant, elle apporte en toute simplicité le reflet d'une vie chrétienne authentique vécue comme une unité de toutes ses composantes (familiale, professionnelle, spirituelle). Les nombreuses citations bibliques témoignent de l'imprégnation de toute une existence par les principes du Livre inspiré.

Alfred Kuen
Écrivain, théologien, anciennement professeur de l'école publique en France et de l'Institut Biblique d'Emmaüs.

À Yvonne, ma mère,
à Idebert, mon père,
à Jules, Emma, Léon, Éva,
mes grands-parents,
à Yvette,
ils m'ont ouvert le Chemin.

Merci
à tous ceux dont les remarques pertinentes
et les corrections m'ont été précieuses,
à mon mari, mes enfants et petits-enfants
qui m'ont « supportée », aux deux sens du terme !

Introduction

Je ne suis pas une spécialiste du vieillissement. Lorsque la demande m'a été faite d'écrire un livre sur ce sujet, j'ai d'abord pensé que je manquais de compétence. Puis, dans un deuxième temps, j'ai pensé que c'était peut-être au contraire un atout : en effet, je vais, au fil de cet ouvrage, soutenir l'idée que le vieillissement, le chemin de vie qui nous mène vers notre mort, est une route humaine banale, que nous pouvons déjà parcourir et connaître de bien des façons, même si son point ultime ne se découvrira qu'au dernier tournant. Vieillir, puis mourir, sont des actes importants, ils sont avant tout notre propre affaire, une affaire que nous avons les moyens de mener à bien, à condition, justement, que nous ne l'abandonnions pas à d'autres, soi-disant spécialistes, sauf bien sûr si une pathologie ou une déficience nécessite une aide appropriée, ce qui n'exclut pas que chacun puisse rester, le plus possible, sujet de sa vie.

Un jour, alors qu'elle avait la quarantaine, une de mes amies acheta le livre *Vieillir* de Paul Tournier, médecin genevois très connu, pour l'offrir à un membre de sa famille… qui n'apprécia pas, mais pas du tout, le cadeau ! Elle avait repris le livre… et l'avait lu. Elle avait alors découvert que ce livre la concernait au plus profond d'elle-même. Au fil de sa lecture, elle avait réalisé que ce chemin vers la mort se trace tout au long de la vie. Elle m'a encouragée dans cette écriture, et m'a dit : « Surtout, il faut que les gens en pleine force de vie puissent le lire, il ne faut pas attendre d'être vieux pour entamer ce chemin. »

Ce livre ne s'adresse pas seulement aux plus de 60 ans, aux retraités, aux seniors, comme on dit… Il s'adresse à chacun, pour lui-même et pour ses enfants. J'espère par mes propos contribuer à ce que le lecteur, quel que soit son âge, se positionne comme acteur de sa vie, et développe en lui les ressources nécessaires pour affronter la mort… et la vie !

En effet, les qualités qui permettent un « bien vieillir » s'acquièrent tout au long de la vie, et même dès l'enfance, et sont indissociables du « bien vivre » ! Le docteur Paul Tournier, auquel je viens de faire allusion, affirmait que pour réussir sa retraite, il fallait la commencer plus tôt, et non la retarder le plus possible !

Il y a quelque temps, une jeune collègue pédopsychiatre reçut un appel qui la surprit : une mère demandait rendez-vous pour trois enfants, 9, 6 et 4 ans.

Ma collègue s'étonna :

– Tous les trois ! Mais pourquoi ? Qu'est-ce qui ne va pas ?

– C'est la directrice de l'école qui m'a conseillé de vous les amener, pour qu'ils ne soient pas traumatisés, car leur papa vient de mourir accidentellement.

– Vont-ils mal ?

– Non, pas plus que ça, mais on m'a dit que ce serait mieux.

– Êtes-vous seule pour affronter ce deuil ?

– Non, heureusement, ma famille n'est pas loin et je suis bien entourée.

– Alors, peut-être êtes-vous les mieux placés pour accompagner vos enfants dans cette épreuve, forcément douloureuse, mais que vous ne pouvez leur éviter. Faites-vous confiance... Et si quelque chose vous inquiète, venez m'en parler.

La fréquence de telles demandes laisse perplexe. Tout se passe comme si, pour certains, les événements de la vie étaient devenus du domaine du spécialiste. On voit promouvoir des actions de « prévention », des déploiements de cellules d'aide psychologique en cas d'accidents, de catastrophes naturelles... Certes, il est important de proposer une possibilité de parole, d'aide, il est souhaitable que les gens sachent qu'ils peuvent faire appel, mais de là à systématiser ces actions, à penser qu'elles sont nécessaires à tous, et surtout qu'elles empêcheraient tout traumatisme !

Cela tend alors à diffuser d'une part que l'être humain n'aurait pas la possibilité de gérer des choses difficiles, avec l'aide de son entourage courant, familial, amical, professionnel, le cas échéant religieux ; d'autre part, que le douloureux pourrait être magiquement évacué. Ne crée-t-on pas ainsi, paradoxalement, une dépendance, une fragilité, un défaut de préparation aux « choses de la vie » ?

Vivre, vieillir, mourir font partie de la vie et se préparent dès l'enfance.

Tout cela m'a décidé à écrire.

Au fil de ces pages, je partage le fruit de mon expérience personnelle d'être humain, mais aussi celle acquise dans d'autres lieux, en particulier dans le cadre des Écoles des Parents et des Éducateurs, ainsi que les enseignements de mon travail de psychiatre psychanalyste. J'ai rencontré beaucoup de personnes, enfants, jeunes et vieux, qui m'ont fait la confiance de partager l'intimité de leur existence. Cela m'a beaucoup appris sur eux, sur moi, sur la vie [1].

Au moment où les éditions Farel m'ont contactée, ma mère, alors âgée de 93 ans, était encore en vie. Je lui avais parlé de cette demande, et elle m'avait encouragée : « C'est bien, fais profiter les autres de ton expérience ! Et je corrigerai ton manuscrit. » Elle ne l'a pas corrigé : elle est morte brutalement deux mois plus tard. Mais son encouragement m'a accompagnée tout au long de ce travail.

Un livre est comme un enfant : sa gestation dure tout un temps. Il habite celui qui l'écrit, et il l'enrichit. Vous, lecteurs, soyez remerciés, car ce dialogue intérieur avec vous m'a apporté beaucoup. Ce projet a aiguisé mon regard, m'a fait entendre, écouter, voir des choses du quotidien auxquelles je n'aurais sans doute pas prêté attention.

J'ai essayé d'être au plus près des questions, des événements qui jalonnent toute vie. Je parlerai du cheminement psychologique et parfois spirituel qui se déroule. J'ai essayé aussi de témoigner d'expériences constructives, d'idées que j'ai glanées au long du chemin de ma vie, personnelle et professionnelle. Ce n'est pas dans le but que ces exemples soient reproduits à l'identique, mais ils peuvent soutenir la créativité de chacun, qui est richesse et don de Dieu. J'ai eu à cœur d'être concrète, mais aussi d'ouvrir pour chacun un espace de réflexion personnelle.

Ce livre n'est pas un ouvrage scientifique. Il est plutôt une « conversation » ou une « promenade » autour du thème du vieillir. À la lecture de mon manuscrit, certains proches m'ont dit qu'il ressemblait un peu à un patchwork. Oui, sûrement, car j'emprunte parfois des chemins de traverse, et je laisse s'entremêler les divers registres.

Ma rencontre avec Jésus-Christ et la lecture de la Bible, pour moi Parole vivante de Dieu, ont marqué d'un sceau profond l'ensemble de ma vie et ancré deux certitudes : d'une part, rien n'est jamais « fichu », un renouveau est toujours possible ; d'autre part, tout être humain, quels que soient sa condition, son âge, son apparence, est un humain à part entière, aimé de Dieu, à découvrir et à respecter. Ma pratique professionnelle s'y est aussi enracinée. Dans une perspective chrétienne, j'ai tenté, de ma place de non-théologienne, d'aborder la question du chemin de l'homme mortel à la lumière de l'évangile. Mon parcours psychanalytique m'a fait percevoir la complexité de l'être humain, ses contradictions, son aliénation fondamentale, mais aussi ses possibilités extraordinaires de changement.

J'ai essayé de rendre les différents chapitres lisibles indépendamment les uns des autres, ce qui permet de débuter la lecture au gré des intérêts de chacun, même si, bien sûr, l'ensemble se déploie selon une ligne directrice. Pour plus de clarté, les différents aspects de la question du bien vieillir sont traités distinctement, mais bien évidemment, dans la vie, ils se trouvent constamment entremêlés.

Les premiers chapitres sont des considérations générales sur ce qui entre en jeu dans la façon de vieillir ou d'envisager le vieillissement. Ensuite sont abordées des questions plus précises liées à l'avancée en âge, mais toujours avec cette conviction que les choses se préparent, de fait, tout au long de la vie.

Curieusement, jusqu'à ces toutes dernières années, je n'avais reçu que de rares demandes d'intervention autour des thèmes de la vieillesse et de la mort. Or, récemment, j'ai reçu plusieurs sollicitations pour traiter de la mort, de l'accompagnement des fins de vie… Est-ce parce que je suis maintenant à la retraite et ai donc atteint un « certain âge » ? Ou est-ce parce qu'il ne se trouve plus beaucoup de lieux où l'on peut parler et réfléchir à cela, ou de gens avec qui l'on puisse partager ses questionnements ?

L'espérance de vie augmente. Elle a quasiment doublé depuis le début du XIXe siècle, et continue régulièrement de croître. Trois ou quatre générations peuvent coexister. Elles peuvent se rencontrer, s'enrichir, ou s'éviter, voire penser que les unes prennent la place des autres. Vieillir peut sembler une menace pour tous. Bien vieillir dépend de soi, de l'entourage, de la société. Cela s'apprend, mais on ne peut parcourir ce chemin seul. On peut vieillir bien, à condition de ne pas porter des lunettes déformantes, de changer notre regard sur « les vieux »… nous qui le serons aussi un jour.

C'est un défi pour notre temps, tant pour ceux qui vieillissent que pour les autres. De plus en plus de personnes vont être amenées à prendre ce chemin du vieillissement, bon gré, mal gré. Bien prendre ce chemin est important, non seulement pour celui qui vieillit, mais également pour l'entourage et pour les générations qui suivent. Les liens transgénérationnels sont une richesse. Si les plus âgés vieillissent bien, ils aident les plus jeunes qui ont la vie devant eux.

Cheminer avec ceux qui sont à l'étape terminale n'est pas seulement une épreuve douloureuse. C'est une expérience dont on peut sortir très enrichi.

J'espère que les réflexions que je me propose de partager seront une aide sur votre sentier. Les coaches en entreprise offrent un prêt-à-porter pour chaque situation. Ici, il appartient à chacun de faire son chemin. « Examinez tout, retenez ce qui est bien[2]. »

1

Vieillir : une mauvaise surprise ?

• Tout le monde ne vieillit pas de la même façon • Qu'est-ce que vieillir ? • Le temps : passé, présent, futur ; la durée • La Bible commence par une question de temps • La genèse de la notion de temps chez l'enfant • L'histoire ne peut se passer du temps • Être au « bon » temps, au temps adéquat • S'arrêter, faire mémoire

Un homme m'écrivait : « J'arrive à 60 ans, c'est une mauvaise surprise ! »... Il en parlait comme si le temps avait passé sans qu'il y prenne garde ! Il était étonné que la réalité le rattrape, et avait l'impression qu'il était pris en traître. De fait, il ne s'y était pas préparé, il avait refusé son avancée en âge. Il n'avait pas voulu se voir vieillir.

On voit des gens mourir brutalement d'un infarctus ou d'une

maladie grave, l'année de leur retraite. C'est un phénomène connu... et explicable. Ils n'ont pu se faire à ce changement radical. Tout dépend de la façon dont ces réalités étaient déjà intégrées dans la vie, ou avaient été tenues à l'écart. Pendant la vie active, l'identité personnelle est soutenue par le statut professionnel, les responsabilités, le fait d'élever des enfants. À la retraite, lorsque l'activité professionnelle a pris fin, lorsque les enfants sont partis, chacun est face à lui-même, dépourvu de ces appuis.

Il n'est pas plus facile d'entrer dans le 3e, puis le 4e âge que de traverser la crise de l'adolescence. Certains ne peuvent aborder cette étape, surtout s'ils se sentent très seuls. De fait le risque suicidaire est très important dans ces deux périodes de la vie. Le taux de mort par suicide, après un pic à l'adolescence, est à peu près stable à l'âge mûr, puis triple progressivement de 65 à 85 ans, particulièrement chez les hommes. Pourquoi vieillir est-il pour certains humains aussi insurmontable, alors que cela semble naturel pour d'autres ?

Tout le monde ne vieillit pas de la même façon

Cela dépend des époques, des cultures, des conditions de vie, de la santé, de l'histoire familiale, du sens et des priorités de la vie, mais aussi de chaque personne et de sa dynamique personnelle, de sa construction identitaire, de ses ressources internes.

Nous connaissons tous des personnes qui affichent une jeunesse artificielle, par leur habillement, leur maquillage, leur coiffure, leur façon d'être. Souvent, ces personnes refusent de dire leur âge, se rajeunissent, ou ne veulent plus fêter leurs anniversaires... Coquetterie ? Pas forcément. C'est plus profond. Personne n'est dupe... sauf eux, peut-être ? D'autres refusent les marques du temps (ah ! ces méchantes rides !), et se font faire des liftings à répétition. Leur visage absolument lisse peut en devenir dénué d'expression, faisant parfois un peu penser à celui des momies... Mais nous connaissons aussi des gens « sans âge ». À 25 ans, ils semblent déjà vieux, et puis, à 50 ou 60, ils sont quasiment toujours pareils… Peut-être n'ont-ils simplement jamais commencé à vivre ?

« Ô rage, ô désespoir, ô vieillesse ennemie ! » a écrit Corneille, dans Le Cid. Nous connaissons des vieux isolés, souffrants, certains sont dans une sorte de déchéance. Mais nous connaissons aussi des personnes âgées dont le visage tout flétri reflète l'amour et la paix qui les habitent, auprès de qui il fait bon s'arrêter. Une dame de 90 ans me racontait avec émotion comment son petit-fils, adolescent, s'était retourné en bas de l'escalier, pour lui dire : « Que tu es belle, ma mémé ! » Elle était toute bouleversée par cette déclaration d'amour. Non, la vieillesse n'est pas forcément déchéance !

Est-ce le fruit du hasard ou y aurait-il des raisons à ces vies différentes, y aurait-il une façon d'aborder la vieillesse qui en fait un chemin, non pas toujours aisé, mais qui se découvre plein de richesses ?

La Bible a-t-elle des choses à nous apprendre concernant ce moment de la vie ?

Au moment où j'écris ces lignes, je reviens de l'ensevelissement d'une femme que j'appréciais beaucoup : 45 ans, morte en une heure d'une rupture d'anévrisme. À l'église, l'un de ses enfants a lu un texte absolument magnifique, qu'il avait rédigé. Il montrait comment leur mère avait toujours été du côté de la vie, émergeant de choses personnelles difficiles, allant vers ce qui lui paraissait fondamental, sans se laisser engluer dans des ruminations destructrices, aidée en cela par un travail psychologique personnel. Et ce jeune homme concluait : « Nous sommes dans la souffrance, la peine, mais elle nous a montré la route. À nous aussi, ses enfants, ses proches, il nous faut choisir la vie. »

À travers ces mots si chargés d'un sens profond, nous sommes en plein cœur du processus de la transmission, qui est, à mes yeux, l'un des rôles fondamentaux des personnes d'un certain âge. Nous le voyons : la transmission s'effectue non pas au moment de la mort, mais à chaque instant de la vie, par la façon de vivre, de concevoir la vie. C'est ainsi que l'on prépare l'avenir.

« Choisir la vie »... Ces mots sont familiers aux chrétiens, même si, dans le texte biblique, ils vont bien au-delà de la vie physique.

Qu'est-ce que vieillir ?

C'est une lapalissade : *vieillir* est en lien direct avec le temps qui passe.

J'aime beaucoup l'histoire des mots, elle dit tant de choses ! La racine indo-européenne *wet* signifie l'année. Mais deux mots d'origine latine sont à la base de la plupart de nos mots français. Il est intéressant d'approfondir les nuances qu'ils contiennent. De la racine vetus sont issus des mots qui signifient simplement le fait : vieux, vieillesse, d'un certain âge ; d'autres sont employés positivement : vétéran ; d'autres témoignent de l'usure du temps : vétuste. Une autre racine des mots français parlant de ce temps de la vie est le mot *senes* : vieux, vieillard. De ce mot dérivent des mots nobles : sénateur, sénat ; en dérivent aussi senior, seigneur, mais aussi sénile, avec la connotation que l'on connaît de dégradation des facultés intellectuelles.

Ce simple retour aux racines et à l'histoire des mots nous fait sentir que le mot vieux n'a pas obligatoirement une connotation négative, sous-tendue par une idée de dégradation du corps et des facultés. Le vieux est certes celui qui est usé par la vie, mais aussi celui à qui la vie a appris beaucoup de choses, qui a une place particulière, digne de respect.

Le temps : passé, présent, futur ; la durée

Le temps est un élément constitutif de l'expérience humaine. Il est la marque de sa finitude. La vie terrestre a un début et une fin. La notion de temps englobe trois concepts : la simultanéité (en même temps), la succession (avant, après), la durée (pendant). De là découlent d'autres notions : celles de présent, de passé et d'avenir. La durée, elle, n'est pas seulement objective (mesurable en regardant la montre ou le calendrier), elle est également subjective : le temps passe plus ou moins vite selon les circonstances.

Beaucoup de gens ressentent que plus ils vieillissent, plus le temps « file à toute allure ». Un événement peut sembler « comme si c'était hier », alors qu'il date de 30 ans. Parfois au contraire, dans la grande vieillesse, le temps paraît bien long : il s'étire sans fin... Comment alors « passer le temps », ou même « tuer le temps »... le temps n'est pas si facile à tuer ! Souvent aussi, le temps nous échappe, nous fait défaut : nous ne cessons de « courir après le temps »... Dans les moments heureux, ou face à la peur de l'avenir, nous voudrions « arrêter le temps » : « Ô temps, suspends ton vol ! » a écrit Lamartine. Mais le temps passe, inexorablement. Il nous échappe, « il coule, et nous passons ». Simone Weil est encore plus directe : « Le temps mène où l'on ne veut pas aller[1]. » Même hors du contexte, on devine immédiatement, sans même qu'elle soit nommée, qu'il est question de la mort. Le langage commun a une expression très parlante : quand les enfants grandissent, on dit « Ça nous pousse ! »... vers la mort !

Beaucoup d'expressions parlent de la mort à mots couverts. Ce n'est pas un hasard. Il est difficile de regarder cette réalité en face. Certains essaient de tromper le temps en essayant de retrouver « une deuxième jeunesse », à travers un autre couple, ou en faisant un nouvel enfant... mais ce n'est qu'illusion !

Le temps s'écoule. Les anciens le figuraient par une roue qui tourne, inexorable. Nous n'en sommes pas maîtres. Notre société ne nous aide pas à avoir une conception sereine du temps qui passe, car sa devise est « Tout, tout de suite », « Vite, de plus en plus vite ». Ce qui est vieux, on ne le répare plus, on le met « au rancart », ou bien on le jette et on en change. Notre société véhicule souvent le mythe d'une éternelle jeunesse. Elle nie le temps qui passe et la mort.

Une expression comme « de mon temps » est finalement

étonnante et révélatrice. Si l'on y réfléchit, dire « de mon temps », c'est parler comme si la vie tout entière se réduisait à un seul temps : le temps passé, celui de notre jeunesse (comme le dit le poème : « Ronsard me célébrait du temps que j'étais jeune ! »), sans présent ni futur. Cela vaut la peine de réfléchir aux expressions du langage courant. Oui, notre approche du temps est bien le reflet de notre condition humaine, de nos peurs et de nos reculs !

La Bible commence par une question de temps

On pourrait penser que l'éternel, c'est le hors-temps. Mais alors, pourquoi Dieu commence-t-il par mettre en place le temps ?

La première action de Dieu consiste à créer la lumière, à la séparer des ténèbres, et à nommer ces deux entités : jour/ nuit ; présence/ absence de la lumière. Lumière, symbole de la présence de Dieu. Et ce fut, dit le texte, le premier jour. Peu importe que ce soit un jour de 24 heures ou une période. L'important, c'est que Dieu introduit de la **différenciation** et une **scansion**.

« Au temps marqué » : cette expression se retrouve à de nombreuses reprises dans la Bible. Le temps est une marque. On sort du même, reproduit à l'infini, pour accéder à la différence, à l'histoire, avec ses faits marquants. Dès la préhistoire, les hommes ont essayé d'inscrire des marques : on a retrouvé des traits parallèles, des « bâtons » gravés dans la pierre, sans doute faits pour garder trace de quelque chasse... ou d'autres événements de leur vie. Grâce à ces repérages, ils pouvaient se construire un avant et un après, une mémoire, une histoire.

La genèse de la notion de temps chez l'enfant

Elle se rapproche de ce que je viens de décrire. Au début, il y a fusion, non-distinction des corps, aucun repérage de temps ou d'espace. C'est à partir de l'absence, sur fond de présence, et de la répétition de cette expérience, que peu à peu va se faire une différenciation (moi/non-moi), et se mettre en place la première construction du temps. La mère (ou toute personne de l'entourage quotidien) est là, elle donne à manger, elle donne sa tendresse… Les choses s'installent avec un certain rythme — c'est très important, le rythme qui construit cette espèce d'horloge interne que nous avons chacun. Un peu plus tard, voilà que par moments la mère fait défaut, temporairement occupée ailleurs. L'enfant commence à structurer le monde : sa mère n'est pas confondue avec lui, puisqu'elle peut s'en aller, sans lui, de sa volonté propre. Le « non-moi », c'est ce qui échappe, qui peut manquer. L'enfant, s'il va bien, s'il a suffisamment été nourri de présence, va essayer de retrouver cette présence : il va la recréer, dans son imaginaire, à l'intérieur de lui, grâce à la perception qui s'est inscrite en lui, et qui devient alors souvenir. L'absence peut alors être une expérience constructive qui engendre, non pas une angoisse sans fond, mais la possibilité de rêver, d'attendre, d'anticiper quelque chose qui viendra. Le désir se détache du pur besoin. Mais pour cela, encore faut-il être suffisamment convaincu que ce que l'on attend viendra. Ce processus est naturel pour ceux qui ont bénéficié d'une sécurité affective.

Mais il n'en est pas de même pour ceux qui ont connu une carence ou une instabilité de l'environnement à un stade précoce. Ceux-là arrivent mal à construire le temps, à s'inscrire dans une histoire. Pour eux, mieux vaut avoir tout de suite, car on ne sait pas de quoi demain sera fait.

J'ai, pendant quelques années, assuré des consultations au Centre de Premier Accueil Médicalisé. Ce lieu accueille des gens qui sont hors du système social, qui « font la route », ou qui vivent en squat, dans la précarité. J'ai été frappée de voir à quel point ces personnes étaient dans l'impossibilité de dater les éléments de leur histoire. Ils ne pouvaient pas faire un récit de vie, ils jetaient des événements, en général traumatiques, en vrac, pêle-mêle, sans être en mesure de dire si les événements avaient eu lieu dans un passé récent, il y a 10 ans, 20 ans ou plus. Le chaos, la confusion.

L'histoire ne peut se passer du temps

J'ai soigné, durant quelques années, une femme qui mettait toujours tout ce qu'elle racontait au temps présent. Elle n'utilisait jamais ni l'imparfait, ni le plus-que-parfait. Ainsi, elle pouvait me dire : « Ma sœur tombe malade, c'est un cancer du sein, comme ma mère. Mon père vient à l'école. Il parle à voix basse à la maîtresse, je repars à la maison. Ma mère meurt… » Dans la même phrase, elle pouvait ainsi associer, sans en distinguer le temps, des événements qui s'étaient déroulés à 30 ans d'intervalle. Au début, j'ai eu vraiment du mal pour me repérer dans son histoire. Elle parlait comme si tout était actuel. Contrairement aux personnes dont je parlais précédemment, elle pouvait répondre à mes questions sur la date de tel ou tel événement, ou sur l'âge qu'elle avait à ce moment-là. Mais dès qu'elle reprenait son récit, elle revenait à l'emploi du présent ! Pourquoi ? On peut penser qu'elle se mettait ainsi hors de son histoire, hors temps, hors mort, — non sans raison, car sa vie avait été marquée très précocement par la mort de sa mère. C'était comme si ces événements n'avaient jamais pu être dépassés, « mis au passé ». Et cette fixation l'empêchait d'accéder à une autre étape de vie.

De même que la présence n'existe que par l'absence, le présent n'existe vraiment que parce qu'il y a un passé et un futur. Effacer une partie de sa vie n'est jamais bon. Parfois on ne peut pas faire autrement : on se débrouille comme on peut, mais cela n'est pas sans conséquences.

Dans la Bible, Dieu est montré comme un Dieu d'ordre, qui sépare, qui permet différenciation, existence distincte et complémentarité. Satan est tout le contraire : il met dans la confusion. Il divise, oppose, mais n'opère aucune séparation fondatrice.

Le psychanalyste anglais Winnicott, dans un très bel article[2], montre comment la capacité d'être seul se construit dans le lien de présence. La nuit n'est nuit que parce que reviendra le jour. Sinon, elle est abîme sans fond, comme avant l'action créatrice de Dieu. De même, le temps se construit, dans la dimension affective du lien, dans le fait d'être existant pour quelqu'un. Ainsi en est-il pour ce clochard qui, d'où qu'il soit, chaque année à Noël envoie une carte au maire d'un petit village qui l'a régulièrement accueilli. Pour lui, un brin d'histoire s'est construit, dans ce lien-là.

Les photos, les rites, les fêtes, tout ce qui rythme et marque le temps est extrêmement important.

Et je suis convaincue que Dieu l'a voulu ainsi ! « Dieu dit : Qu'il y ait des luminaires dans la voûte céleste pour séparer le jour et la nuit ! Qu'ils servent de signes pour marquer les rencontres festives, les jours et les années, qu'ils servent de luminaires dans la voûte céleste pour éclairer la terre ! Il en fut ainsi[3]. »

On peut se demander pourquoi parler du petit enfant et de la Genèse dans un livre traitant de la vieillesse. Il y a deux raisons : d'une part, c'est au travers de tous ces contacts avec l'entourage, parlant de la présence, de l'absence, de la vie et de la mort, que l'enfant construit des représentations personnelles de ces réalités qui vont marquer toute son existence, y compris sa vie d'adulte et son âge avancé ; d'autre part, on constate que, au temps de la vieillesse, de même qu'à tous les moments de crise, de perte, de rupture, se retrouvent les besoins les plus précoces, les plus fondamentaux de l'être humain, comme aux premiers temps de la vie : besoins de repères, de sécurité, de relation, de présence, d'appartenance. Au grand âge, la capacité d'être seul est à nouveau sollicitée. La solitude incontournable n'est abordable que si elle est habitée, s'il existe des liens solides, si elle est peuplée de souvenirs et animée d'attente.

Ce n'est que plus tard et progressivement que l'enfant comprendra sa place dans la chaîne des générations, intégrera la notion d'origine (le monde existait avant que l'enfant ne soit là), et de mort (le monde continuera d'exister lorsque l'enfant ne sera plus là). L'enfant prendra également conscience du caractère inéluctable de la mort et de son irréversibilité, même si l'espérance peut exister. À écouter certains adultes, on peut parfois se demander s'ils ont vraiment bien intégré ces notions. À travers tout cela, ce qu'il s'agit d'accepter, c'est que chaque humain n'est pas le centre du monde, qu'il ne s'est pas autocréé, mais qu'il est un maillon dans une chaîne humaine. Des lignées l'ont précédé, d'autres se poursuivront (du moins en général) après lui.

Un maillon, c'est peu et c'est beaucoup. Chaque maillon est indispensable. « Au temps de »…. au temps de chacun d'entre nous ! Être un maillon, dans notre temps, c'est notre limite et notre richesse, notre responsabilité.

Être au « bon » temps, au temps adéquat

Il y aurait beaucoup à dire. Dans la mythologie grecque, la déesse Artémis avait, parmi ses fonctions, celle de veiller sur la durée de la grossesse : il était bon qu'elle se poursuive jusqu'à son terme mais ne se prolonge pas ! La fin de la grossesse doit être « au moment opportun », ni trop tôt, ni trop tard, faute de quoi il y a des conséquences néfastes. La Bible utilise plus particulièrement deux mots grecs pour parler du temps : *kairos*, le temps opportun, le temps voulu par Dieu, et *cronos*, le temps qui passe, qui dévore[4]. Cela laisse à penser.

Actuellement, tout tend à se court-circuiter : « Il n'y a plus d'enfants », dit-on parfois. On parle des adolescents précoces ou prolongés, des parents-copains, des adultes qui veulent « rester jeunes », des vieux qui refusent de vieillir. On veut des fraises en toute saison. Mais jamais les fraises ne seront aussi bonnes qu'en leur saison ! Dans cette volonté d'avoir tout, en tout temps, on se prive de choses essentielles : le plaisir d'attendre, de rêver, de désirer, de se souvenir. L'association

Solstice, qui prenait en charge des enfants très perturbés, avait volontairement choisi de s'implanter en Lozère : là, le rythme des saisons est bien marqué. On voit pousser les plantes et on les voit se dessécher. On voit fleurir le printemps et tomber les feuilles d'automne. Ainsi ces enfants, qui sont dans un chaos interne complet, sont aidés à se restructurer, grâce à ces rythmes de la nature.

Il en est de même pour les cycles de la vie : je crois qu'il est fondamental de vivre pleinement chaque âge de la vie pour ce qu'il est, de ne pas être à contretemps, en décalage constant, en avance ou en retard... car c'est la meilleure façon finalement de ne pas vivre. Nager en permanence à contre-courant est absolument épuisant. Alors qu'en se laissant porter par le courant, on parcourt du chemin, même si, bien sûr, il y a des obstacles !

Laissons nos enfants vivre pleinement leur enfance. Ne les empêchons pas de jouer, de rêver. Il faut laisser aux enfants le temps d'être enfants, ne pas leur voler leur enfance en leur proposant tout trop tôt.

Laissons nos ados rêver de choses folles, utopiques, refaire le monde à longueur de soirée, laissons-leur le temps de rêver, sans casser d'emblée leur élan, sans les ramener sans cesse aux réalités « objectives » de la vie raisonnable, sans ancrer dans leur tête la morosité et le pessimisme ambiants. Il faudra qu'un jour ils s'assoient pour calculer et bâtir la maison, certes, mais ce temps viendra un peu plus tard. La projection dans l'avenir, « quand je serai grand », aide à se construire, pousse en avant. Ne soyons pas jaloux d'eux parce qu'ils ont la vie devant eux.

L'âge mûr peut être aussi un temps privilégié, celui des réalisations personnelles, professionnelles, familiales.

Le troisième âge ouvre à de nouveaux possibles : on a du temps pour réaliser enfin ce que l'agitation de l'époque précédente n'avait pas permis de concrétiser. Certains reprennent la musique, des études, commencent à peindre... parfois avec talent, mais en tout cas avec plaisir, certains jouent aux boules, au scrabble, voyagent, lisent, profitent davantage de leurs petits-enfants, jardinent, tricotent, bricolent, s'engagent dans des actions bénévoles associatives, religieuses... voire continuent à travailler un peu. Que de choses possibles, si on ne s'en barre pas l'accès !

Le 4e âge pourrait être le temps des moissons, celui où le travail de la vie porte son fruit, où l'on s'achemine peu à peu vers l'hiver, vers une plus grande dimension d'intériorité, car le corps n'a plus les mêmes forces.

Puis vient le temps de la fin. Je voudrais citer Marie de Hennezel, psychologue dans un service de soins palliatifs, devenue célèbre par la préface de son livre, écrite par François Mitterand[5] : « Dans un monde qui considère que la « bonne mort » est la mort brutale, si possible inconsciente, ou du moins rapide afin de déranger le moins possible la vie de ceux qui restent, un témoignage sur la valeur des derniers instants de la vie, sur l'incroyable privilège que peut représenter le fait d'en être témoin, ne me semble pas superflu. Mieux encore, j'espère contribuer à une évolution de la société. Une société, qui au lieu de dénier la mort, apprendrait à l'intégrer dans la vie ». Il est important de ne pas voler aux mourants le temps de leur mort, mais de les accompagner dans ce temps, sans le court-circuiter, sans l'évacuer.

Oui, laissons chacun vivre le temps qui est le sien, et essayons de vivre chaque temps qui nous est donné le plus pleinement possible.

Il est important que soit transmise aux générations montantes l'idée que la vie vaut la peine d'être vécue, à chacune de ses étapes, avec des richesses et des limites différentes. Mais il est possible que cela ne soit pas ce que nous ressentons ou constatons autour de nous. Alors peut-être avons-nous quelque chose à redécouvrir, pour nous-mêmes ou pour ceux qui sont sur notre route ? C'est un grand privilège lorsque les adultes tiennent leur place et sont capables de se situer avec plaisir dans l'histoire des générations. Personnellement, j'ai été très privilégiée : j'ai connu jusqu'à 17 ans mes quatre grands-parents, j'ai partagé avec eux beaucoup de choses. Ils m'ont donné une image très vivante du 3e et même du 4e âge. Certes, ils étaient tout courbés, fatigués, comme mes parents, morts ces dernières années, mais ils étaient là, présents à chacun de nous dans leur corps vieilli, encore vraiment dans la vie… jusqu'au bout.

S'arrêter, faire mémoire

Il faut prendre le temps d'assimiler ce que l'on vit. La mémoire n'est pas seulement la faculté de se souvenir, c'est aussi un appui pour aborder, comprendre, intégrer les expériences du présent, à la lumière du passé. Si tout va trop vite, alors ce travail psychique n'a plus la possibilité de se faire.

Cela est vrai à tout âge. S'arrêter. Faire retraite. Emmagasiner réflexions et souvenirs. « Marie retenait toutes ces choses et y réfléchissait[6]. » Le temps humain est toujours un temps raconté, inscrit dans la parole. Réapprenons à « faire mémoire » et à en parler, à le transmettre.

Lorsqu'on avance dans la vie, le nouveau, le passionnant devient plus rare… et deux sensations s'entremêlent : d'un côté, plus on vieillit, plus on a le sentiment que le temps passé s'est écoulé à toute allure et que le temps s'enfuit très vite, nous rapprochant de la mort ; de l'autre, les journées n'en finissent pas, car, dans la vie de nombreuses personnes âgées, il ne se passe plus rien. Et pourtant, à tout âge, il pourrait se passer des choses passionnantes !… à condition de ne pas se tromper de temps, et d'accepter de vivre le présent.

Je terminerai ce chapitre en citant le pasteur Antoine Nouis : « La famille est un lieu de transmission où se découvrent et s'apprivoisent les différentes dimensions du temps. Le temps linéaire qui mesure notre expérience biologique : nous naissons, nous grandissons, nous vieillissons et nous mourrons. Les anciens laissent la place aux plus jeunes. Les vieillards reconnaissent l'avenir dans leurs descendants et les enfants apprennent le sens de la vie dans le regard des anciens. Cette approche du temps se croise avec le temps cyclique des jours et des nuits, des semaines et des dimanches, des anniversaires et des fêtes qui reviennent tous les ans. Les cycles, les rites et les liturgies apprennent à structurer le temps pour donner du sens et découvrir la richesse de la vie qui s'écoule[7]. »

Que faisons-nous du temps qu'il nous est donné de vivre, et dont la durée nous est inconnue ? Vivons-nous chaque temps, ou essayons-nous de « tromper le temps » et par là-même gâchons-nous notre temps ? Quels échanges établissons-nous entre générations, pour notre joie et notre enrichissement mutuels ?

C'est autour de toutes ces questions que j'ai tenté de réfléchir.

2

Notre société ne saurait-elle plus conjuguer qu'un temps ?

• Tout, tout de suite • Le présent permanent • Un lien permanent • Où est passé l'être • Et s'il y avait d'autres voies ? • L'Évangile propose d'autres valeurs • On ne peut pas se rencontrer si on ne s'arrête pas

J'étais à un anniversaire. L'enfant ouvrait avec fébrilité ses nombreux cadeaux, tant était grande son envie de tout voir. Arrivé au dernier paquet, il lança un regard circulaire et dit : « C'est tout ? » Réprimandé par sa mère, il sembla confus et remercia gentiment chacun.

Mais, tout de même, sa réaction laisse à penser. Nous n'avons pas forcément conscience du fait que ce trop-plein de notre société de consommation met les enfants devant des manques beaucoup plus essentiels : ils ne connaissent plus le plaisir d'attendre, de rêver, ils ne savent parfois plus profiter de ce qu'ils ont. Il est vrai que certains parents le réalisent, et mettent, par exemple, une partie des cadeaux trop nombreux de côté pour que l'enfant puisse découvrir tranquillement chaque chose. Mais, pour d'autres enfants, cette surabondance entraîne une sorte de saturation du désir qui n'a plus matière à s'exprimer. Ils veulent beaucoup de choses, les exigent même ; puis ces objets ne les intéressent plus du tout lorsqu'ils sont en leur possession. Insatisfaits en permanence, ils n'en sont même pas heureux. Pire, ils sont centrés sur « l'avoir », et croient qu'être aimé, c'est recevoir des objets. Heureusement, beaucoup découvriront tout de même d'autres dimensions de la vie et de l'amour.

Tout, tout de suite

Notre société est une société hédoniste. En philosophie, ce mot désigne une façon de concevoir la vie qui fait de la recherche du plaisir son axe principal. Se faire plaisir est presque une obligation, et en même temps, tout doit se rentabiliser, même les loisirs… Il ne faut pas perdre de temps. La vie de famille prend parfois l'allure d'un marathon. Les mères de jeunes enfants disent combien le mercredi est souvent un enfer : elles courent de l'activité de l'un à l'activité de l'autre. Certains enfants ont ce jour-là une activité de ministre, avec les tranches de temps qui s'enchaînent sans répit : foot, piano, judo… Parfois on arrive aussi à caser le catéchisme, mais de haute lutte ! De quoi a-t-on peur, pour ne jamais laisser un instant d'inaction, ni d'ennui ? Il vaut la peine de faire l'éloge de l'ennui ! Il est nécessaire à la créativité, à l'épanouissement !

Parmi les patients psychiatriques, les obsessionnels sont des spécialistes de la maîtrise : il faut que tout soit contrôlé, que rien n'échappe… Car qui sait ce qui pourrait s'y glisser ! Notre société serait-elle tout entière prisonnière de ce mécanisme de défense ? Mais alors, comment, devenus vieux, allons-nous vivre le temps qui s'étire, si nous n'avons jamais eu l'occasion de vivre à un rythme différent ?

Le plaisir, chez le petit enfant, est lié au bien-être, à la satisfaction de ses besoins de base. Mais très vite se mêlera une autre dimension, relationnelle celle-là, liée à une demande d'amour. On pourrait croire que notre époque a rabattu son ambition sur la satisfaction du seul besoin, mais ce serait faire erreur : heureusement, l'être humain continue sa quête de relation et d'amour !

À côté de cette recherche centrale du plaisir, une autre hypothèse pourrait être envisagée : une grande partie de nos contemporains aurait-elle perdu toute confiance dans l'avenir, ce qui les amène à consommer frénétiquement le présent ? En 1999, j'ai eu le privilège d'assister à l'éclipse totale de soleil. Nous étions au milieu de la campagne champenoise, et nous avons tous été frappés par le comportement de l'étalon et de la jument qui se trouvaient dans le champ voisin. Tous les animaux étaient inquiets. Depuis une heure, les oiseaux volaient à très basse altitude. Lorsque le plein jour se transforma en nuit en quelques minutes, les deux chevaux se mirent à courir en tous sens, à hennir, visiblement affolés, puis le mâle se mit à monter frénétiquement la femelle, comme s'il ne trouvait plus rien d'autre qui puisse calmer la peur qui le tenaillait… Notre activisme serait-il par moments du même ordre ?

Lorsque j'étais étudiante, nous nous rendions avec une petite équipe au « Parc à Ballon », à Montpellier. Dans ce bidonville habitaient, dans des cahutes faites de caisses et de divers matériaux de récupération, des familles entières, et même de tout petits bébés. Nous avions l'ambition de les aider un peu : matériellement, mais aussi par un club d'enfants, un soutien scolaire… Nous espérions également les aider à trouver un sens à la vie… Un de mes grands étonnements naïfs était de découvrir la gestion financière de ces familles. Car en fait, ils avaient tout de même un peu d'argent (allocations familiales, petits travaux...). J'avais le sentiment que s'ils s'y étaient pris autrement, ils auraient pu s'en sortir. Or, que faisaient-ils ? Dès que l'argent arrivait, ils achetaient qui une télé, qui un tourne-disque, ou encore plein de gâteaux très chers, que j'étais d'ailleurs invitée à partager. Cela me heurtait et m'était incompréhensible. Je vivais, à cette même époque, avec l'argent d'une demi-bourse. Un jour j'ai compris ... que je ne pouvais pas comprendre, en fait ! Du moins si je gardais mes propres critères d'appréciation. Certes, nous vivions de peu, mon mari et moi, mais je savais que c'était provisoire : bientôt je serais médecin, je gagnerais ma vie. Et si j'avais un grave « pépin », je savais que je pouvais compter sur mes parents qui m'accueilleraient toujours.

Eux, par contre, avaient eu des vies pleines d'abandons, de promesses jamais tenues, de temps de galère. Si l'on a vécu ainsi, quand on tient, on ne lâche plus. On ne diffère pas car sinon tout risquerait de disparaître. Comme dit le dicton : « Un tiens vaut mieux que deux tu l'auras ». Je me suis dit que je n'avais pas à juger leur façon de faire, mais simplement à leur donner l'occasion, par ma présence fidèle, d'expérimenter un peu une parole « qui tient ».

Notre siècle serait-il dans ce grand désarroi d'un monde où plus aucune parole n'est fiable ?

Le présent permanent

Dans son livre *Le goût de l'avenir*, Jean-Claude Guillebaud intitule un paragraphe « Le présent permanent ».

Je le cite :

> Une image est souvent plus utile qu'un discours. Celle du sablier peut nous être d'un grand secours. Non point pour gloser comme à l'ordinaire sur la tristesse insondable des jours enfuis ou l'impermanence des choses, mais

pour se représenter visuellement la rupture advenue. Hier encore, le sablier, étranglé en son milieu mais élargi dans ses deux extrémités, figurait assez bien notre rapport au temps. L'étroit passage médian correspondait au présent tandis que les deux masses sphériques désignaient le passé (au-dessus) abouté à l'avenir (au-dessous). Le présent, mince rétrécissement du sablier, n'avait droit qu'à la portion congrue. Il n'était que l'espace insaisissable de l'écoulement du temps. En clair nous étions surtout habités par la mémoire et mus par le projet. Nos vies étaient principalement gouvernées par le souvenir et par l'attente. Elles étaient comme emplies par le passé et par le futur. Or cette représentation n'est plus pertinente. L'étroit goulot du présent s'est élargi au détriment des deux « bulles » de l'ancien sablier. Le présent a pris toute la place. Ainsi notre image du temps ne ressemble-t-elle plus à un sablier mais à un oeuf, renflé en son milieu, étroit à ses deux extrémités, celle du passé et celle du futur. La métaphore est parlante. Le passé, c'est-à-dire la mémoire humaine, n'a plus la même emprise, au point que nos sociétés sont livrées à la versatilité de l'opinion, à l'émotion changeante, à l'urgence, toutes trois instantanées. Elles sont ainsi perpétuellement guettées par l'amnésie. Symétriquement, la part du futur, c'est-à-dire du projet, est réduite à peu de chose, pour ne pas dire à rien. Le futur ne vaut plus ce qu'il valait. Il est dévalué, au sens monétaire du terme, de sorte que nous avons chassé son image de notre présent [1]...

Ces propos méritent d'être médités !

Un lien permanent

La question du temps trouve son pendant dans la question de l'espace. Je crois que les deux paramètres sont liés. On va de plus en plus vite, de plus en plus loin. Nos outils de communication nous permettent de traverser des milliers de kilomètres, d'entendre et de voir l'interlocuteur sur un écran ! Internet est un outil privilégié, non seulement pour le travail, mais pour faire des recherches, acheter, écouter de la musique. Mais surtout — en tout cas c'est souvent ce qui amène des personnes d'un certain âge à l'utiliser — pour communiquer avec ceux qui sont au loin, famille et amis. Là où il fallait attendre 15 jours pour avoir des nouvelles, et tout autant pour que la réponse soit reçue, quelques minutes suffisent ! C'est merveilleux !

Mais certains s'interrogent : ces outils sont-ils les vecteurs d'une vraie communication ? Personnellement, je crois que cela dépend totalement de la façon dont on les utilise. Toute technique peut être utilisée pour le meilleur et pour le pire, pour le bonheur de l'être humain ou pour son malheur. Je connais un vieil enseignant, âgé aujourd'hui de 92 ans. Internet est pour lui une fenêtre ouverte sur la vie. Maintenant que son corps ne lui permet plus guère de sortir de chez lui, il peut tout de même continuer des recherches sur les sujets qui le passionnent, il a encore un livre en chantier ! Internet est pour lui un lien vivant. En ce qui me concerne, outre mes activités associatives presque professionnelles, pour lesquelles je communique quotidiennement avec la secrétaire de l'association, Internet me permet d'être en lien avec une de mes amies très malade. Par ce moyen, je ne la dérange pas, le téléphone ne sonne pas malencontreusement, juste à l'instant où, dans un moment de répit, elle allait s'assoupir un peu. Elle prend connaissance de ses messages quand elle veut ou peut, au moment où elle en a la force. Un clic, et elle peut répondre quelques mots. Je sais que ce lien est précieux pour elle, tant avec moi qu'avec d'autres.

Mais parfois ces outils, par leur utilisation intempestive ou exagérée, nuisent à la construction de certaines potentialités qui feront défaut par la suite. J'ai longtemps renâclé, malgré l'insistance de mes enfants, à avoir un téléphone mobile. Une panne très gênante m'a convaincue de son intérêt au moins occasionnel ! Et je dois avouer que c'est bien commode, en particulier lorsque je suis à l'étranger, de pouvoir par un petit texto savoir que tout va bien pour les miens, et leur dire que pour moi, il en va de même. Mais, comme pour toutes choses, cela nécessite de réfléchir à l'usage que l'on en fait, et aux effets que cela entraîne.

Je prends régulièrement le train. On y assiste à des choses étranges : votre voisin appelle ou répond à un appel. Il est rare qu'il sorte du compartiment pour parler tranquillement. Le plus souvent, vous vous trouvez témoin involontaire et obligé de propos anodins ou de conversations extrêmement intimes. Tout se passe comme s'il n'y avait plus de frontière entre la vie publique et la vie privée. L'intime est dévoilé dans l'indifférence de chacun.

On peut s'interroger sur les conséquences de ces pratiques à plus long terme, si cette expérience se renouvelle, sous des formes diverses, jour après jour. Cela ne pourrait-il pas préparer, à bas bruit, un non-respect (non par volonté affirmée, mais par habitude) de l'intime de chacun, mais aussi des malades, des personnes âgées ?

De nombreuses personnes gardent leur portable allumé en permanence. Outre les désagréments regrettables, comme un portable qui sonne en pleine réunion, voire en plein concert, ou même au milieu d'un enterrement, cela pose question. Certes, c'est bien commode que la nounou ou l'école puissent joindre les parents lorsqu'un tout-petit est malade. Mais plus tard, quels effets aura ce lien ténu, jamais coupé, entre parents et enfants, ou entre copains ? C'est comme s'il fallait qu'il n'y ait plus présence et absence, mais un lien continu. Or c'est dans l'alternance de présence et d'absence que se construit le lien intériorisé qui permet que le lien ne soit pas détruit par l'absence dans la réalité.

Il y a des années, j'ai reçu une jeune femme psychologue pour une formation en relaxation. Déjà experte dans son métier, elle critiquait tout ce que je faisais. Un jour où, lors de la séance de relaxation, j'avais touché son bras, elle me dit d'un ton acerbe : « Vous m'avez dérangée. Moi, quand je touche, je m'arrange pour que ce soit continu, qu'on ne sente pas quand je m'approche, ni quand je m'arrête de toucher». Je lui dis alors : «Comme s'il fallait qu'il n'y ait ni présence ni absence». Elle tressaillit, bouleversée. Ce fut le début de notre vrai travail. En effet, elle se débattait depuis des années pour essayer de ne pas ressentir l'absence de sa sœur, très proche, morte alors qu'elle était en pleine adolescence. Ce deuil impossible, il fallait à tout prix le tenir à distance.

Les jeunes sont souvent dans l'immédiateté, les projets de dernier moment, qu'ils concrétisent après s'être très rapidement concertés par portable ou Internet. Ils se privent de rêver, d'attendre. Une malade me disait : «Je ne suis jamais seule, je suis pleine de vous tous, mes amis». Cette capacité d'intériorisation risque de faire un jour cruellement défaut à ceux qui ne l'ont pas développée en temps utile. Les personnes des générations passées ont souvent gardé les courriers des débuts de leurs amours, ces lettres où l'on apprenait à se connaître, où l'on échangeait sur soi, les autres, la vie, l'amour. Ce sont souvent des lettres si belles ! L'accélération des relations aujourd'hui, leur concrétisation rapide sur le plan sexuel, la facilité des autres modes de communication ne favorise pas ces échanges profonds. C'est dommage pour le présent et pour plus tard. Mais je fais aussi confiance aux jeunes pour trouver de nouvelles façons de vivre ce lien profond.

Où est passé l'être ?

Nous sommes dans une société où tout se vend, s'achète, qui a le culte de la performance, de la réussite, où il est davantage question d'avoir que d'être. On n'apprend plus un métier que l'on affinera pour la vie. Il faut être constamment compétitif, adaptable, flexible. Ceux qui ne le sont pas sont laissés au bord du chemin. Notre monde prône l'individualisme, laisse miroiter la possibilité d'un homme libéré de toute entrave, de tout lien, affranchi de toute norme, qui ne devrait rien qu'à lui-même. Mais en même temps se font entendre des inquiétudes quant au lien social. Et s'il y avait un rapport ? L'autre n'est plus celui avec qui on fait alliance, ni celui de qui on a reçu, mais celui dont l'existence menace la nôtre, notre rival, qui pourrait prendre notre place ou nous agresser.

Dans ce contexte, les personnes vieillissantes sont mises à l'écart pour plusieurs raisons : elles ne sont plus compétitives, ou, si elles le sont, elles sont menaçantes, susceptibles de prendre la place des jeunes (ce raisonnement a entraîné toute la vague des mises à la retraite anticipées qui étaient censées permettre l'embauche de jeunes… il n'en a rien été). La solidarité est attendue de l'État, et non plus des relations directes entre humains. Elle va être à recréer !

Je me souviens d'une publicité de voiture. Une jeune femme resplendissante est au bord de la route, un bel homme passe : la voiture décapotable, le ciel bleu, le soleil… Elle monte aussitôt, bien sûr, et la publicité conclut : « Impossible ? Mais c'est dépassé ! » (Sous-entendu : tout est possible, si on le veut ! Quel débile vous êtes si vous attendez, si vous vous privez de quelque chose !). Certains font crédit à ces paroles trompeuses, et se retrouvent en difficulté, parfois surendettés !

Notre siècle croit avoir tout inventé, être son propre créateur. L'ancrage dans l'histoire, le savoir des anciens, tout cela semble ne plus compter. On vit au présent. Si quelque chose casse, on ne répare plus, on change. Et si le conjoint n'est plus aussi beau, agréable ou aimable, on ne sait plus gérer le conflit pour grandir, on rompt. La société tout entière tient des propos d'adolescent : « J'ai bien le droit ! » sans se préoccuper des retombées à long terme, ni assumer les conséquences. On agit comme si hier ne nous apprenait rien, et comme si demain n'existait pas. C'est vrai pour les options politiques, qui sont souvent à court terme, destinées à plaire à l'électorat, c'est vrai pour les richesses de la terre, pour l'écologie, la pollution, l'ozone... «Après nous le déluge!»

Heureusement, certaines voix se font entendre. Un adage populaire, entendu de la bouche d'un pasteur d'origine africaine, dit: «Nous n'héritons pas de nos parents, nous empruntons à nos enfants». Nous hypothéquons leur avenir. En avons-nous conscience?

On parle du risque zéro! C'est la grande mode... alors, plus le droit de faire des camps d'enfants, on aseptise, on crée des normes, des commissions. On ferme des services presque neufs, parce qu'ils sont trop difficiles à mettre aux normes... mais beaucoup de personnes âgées ne peuvent entrer en maison de retraite tant le séjour y est devenu cher.

Nous vivons une période passionnante, pleine de choses nouvelles, ère de découverte, de richesses sans nombre, mais que faisons-nous de tout cela, qu'en restera-t-il pour nos enfants qui soit constructeur pour eux?

Le cancer, le SIDA sont bien des épines dans le pied, des ombres au tableau... mais «c'est une question d'années: le cancer, le SIDA seront vaincus» pense-t-on. Et la mort? Eh bien la mort, on la relègue le plus loin possible. On en fait une affaire de spécialistes. On forme des personnels très spécialisés pour s'en occuper... comme si elle était une maladie, et non pas un acte de la vie.

On dit que nos adolescents sont moroses, le taux de suicide préoccupe. Mais ce sont les adultes qui sont moroses, déployant un monde qui ne donne guère envie! Pourtant, la vie est bien moins dure matériellement que celle de nos aïeux, bien que nous soyons sans arrêt en train de nous plaindre! Le mal est ailleurs: ce n'est pas l'humain qui dirige, mais l'économique, la rentabilité... Et on veut nous faire croire que personne n'y peut rien, que c'est une évolution inéluctable! Cependant, ce mal n'existe-t-il pas, sous des formes qui changent, depuis la nuit des temps? Je refuse de penser avec certains que tout est déjà inscrit, ou déjà joué, et que lutter ne sert à rien, mais je me méfie de ceux qui laissent miroiter que l'on pourrait tout, sans limite.

Et s'il y avait d'autres voies ?

Dans la pensée du psychanalyste français Lacan, la notion de manque est essentielle à tout fonctionnement psychique humain, elle seule permet que cela « circule ». On en a une bonne image dans le petit jeu des enfants où il s'agit de faire circuler les lettres de l'alphabet. La case vide est absolument indispensable, sinon tout est bloqué. Il n'y a pas de vie, de mouvement, sans la dimension du manque.

Et notre modernité veut du plein !

L'Évangile propose d'autres valeurs

Face à l'argent, l'Évangile propose l'amour, la remise de la dette ; à l'avoir, l'Évangile oppose l'être, la valeur de tout être humain. Enfin, face à l'immédiateté, il propose la confiance dans une parole, une promesse.

Nous en reparlerons au fil de notre réflexion. Dieu se laisse rencontrer par ceux qui acceptent l'idée qu'ils ne se sont pas auto-engendrés, qui acceptent leur statut d'humain, ont renoncé à être « comme des dieux » (c'était la promesse du serpent dans le jardin d'Éden, pour tenter Ève). Alors peut se vivre le temps de la découverte et de l'alliance avec ce Dieu qui est venu sur terre à notre rencontre. C'est le choix de la marche par la foi, la confiance, et non par ce qui est directement palpable ou par ce qui est possédé.

L'échelle des valeurs de Dieu n'est pas la même que la nôtre : les ouvriers de la dernière heure peuvent être autant rétribués que ceux du début[2] ! Les invités au banquet sont remplacés par ceux qui passent sur le chemin[3]. Et ceux qui cherchent la première place sont exposés à la perdre ! « Quiconque s'élève sera abaissé, et celui qui s'abaisse sera élevé[4] ».

L'Évangile le dit : « Quiconque voudra sauver sa vie la perdra, mais quiconque perdra sa vie à cause de moi la sauvera [5] ». Oui, on peut « perdre » du temps, de l'énergie pour des choses essentielles ! Dieu s'intéresse à notre être plus qu'à notre faire.

On ne peut pas se rencontrer si on ne s'arrête pas

La rencontre nécessite du temps, un apprivoisement, un temps partagé. Tout le monde connaît *Le petit prince* de Saint-Exupéry, et pourtant, aura-t-on jamais fini d'en découvrir toute la profondeur ?

> Le renard se tut et regarda longtemps le petit prince :
> – S'il te plaît, apprivoise-moi ! dit-il.
> – Je veux bien, répondit le petit prince, mais je n'ai pas beaucoup de temps. J'ai des amis à découvrir, et beaucoup de choses à connaître.
> – On ne connaît que les choses qu'on apprivoise, dit le renard. Les hommes n'ont plus le temps de rien connaître. Ils achètent des choses toutes faites chez les marchands. Mais comme il n'existe point de marchands d'amis, ils n'ont plus d'amis. Si tu veux un ami, apprivoise-moi !
> – Que faut-il faire ? dit le petit prince.
> – Il faut être très patient, répondit le renard. Tu t'assoiras d'abord un peu loin de moi, comme ça, dans l'herbe. Je te regarderai du coin de l'œil et tu ne diras rien. Le langage est source de malentendus. Mais chaque jour, tu pourras t'asseoir un peu plus près [...]
> Ainsi le petit prince apprivoisa le renard. Et quand l'heure du départ fut proche :
> – Ah ! dit le renard... je pleurerai.
> – C'est ta faute, dit le petit prince, je ne te souhaitais point de mal, mais tu as voulu que je t'apprivoise...
> – Bien sûr, dit le renard.
> – Mais tu vas pleurer ! dit le petit prince.
> – Bien sûr, dit le renard.
> – Alors tu n'y gagnes rien !
> – J'y gagne, dit le renard, à cause de la couleur du blé [6].

Le temps de la rencontre, de l'attente confiante. Il ne faut pas se presser, il ne faut pas brusquer. Et après l'apprivoisement, la rencontre, il y aura le souvenir. Pour le renard, à présent et pour toujours, les épis de blé, couleur des cheveux du petit prince, seront rappel de cette alliance.

Les rencontres de Jésus montrent avec quel tact il s'est approché des personnes blessées par la vie. La patience de Dieu, la fidélité de son amour, malgré les errements de l'homme, montrent la voie à suivre. Peut venir le temps de la rencontre : rencontre avec les autres et rencontre avec Dieu. Rencontrer Dieu, c'est aussi passer du temps avec lui… c'est nécessaire à la relation. Faire mémoire, se souvenir prennent alors un autre sens : il ne s'agit pas de rester « scotché » au passé, mais d'en garder richesses et enseignements.

J'ai relevé une magnifique phrase de saint Augustin : « Le temps, c'est la triplicité du présent : le temps du passé, c'est la mémoire, le temps du présent, c'est la vision, le temps du futur, c'est l'attente ».

Tout ceci peut être vécu dans la confiance, dans une autre façon de vivre au présent, qui n'est pas négation du passé ou de l'avenir. Un petit texte anonyme, relevé chez une amie, le dit magnifiquement. Il est intitulé « Vis le jour d'aujourd'hui ».

Vis le jour d'aujourd'hui
Dieu te le donne, il est à toi
Vis-le en lui.

Le jour de demain est à Dieu
Il ne t'appartient pas encore
Remets-le lui

Le moment présent est une frêle passerelle
Si tu la charges des regrets d'hier
Des inquiétudes de demain
La passerelle cède et tu perds pied

Le passé ? Dieu le connaît !
L'avenir ? Dieu te le donne
Alors, vis le jour d'aujourd'hui
En communion avec lui[7].

3

Croître à chaque âge de la vie

• La petite enfance, un moment essentiel • Temps de pause : la période de latence • Le mouvement de l'adolescence • L'âge mûr • Au plan spirituel, la maturité n'est pas liée à l'âge • La crise du milieu de la vie • Le troisième âge • Le grand âge • La mort, dernière étape de la croissance

Qu'est-ce que croître ? S'agit-il du physique ? Sûrement pas, puisqu'on grandit pendant près de 20 ans, puis qu'après une période stable, on « rapetisse » en vieillissant ! S'agit-il des connaissances ? On peut continuer d'en acquérir jusqu'à la grande vieillesse. Mais peut-être là encore n'est pas la vraie croissance. Pour moi, croître, c'est le fait d'un être qui trouve sa stature, de plus en plus profondément, dans l'acceptation de lui-même, dans ses liens avec les autres, et, pour ceux qui font cette expérience, avec Dieu. Je ne vais pas faire une description de tous les aspects des âges de la vie. Je vais simplement relever des éléments qui contribuent de façon importante au devenir de la personne.

S'il est vrai que chaque humain a des capacités étonnantes de résilience [1], c'est-à-dire des capacités à rebondir, l'être humain a besoin, pour construire sa personnalité, d'un certain nombre d'apports quantitatifs mais surtout qualitatifs, et, autant que possible, au moment le plus opportun de son évolution. S'il ne les a pas, il peut avoir de grandes difficultés à se construire. Tout sera plus compliqué. Mais il n'y a pas de chemin tout tracé. Chaque humain est un être unique, dont le développement est particulier.

Aucune croissance ne se fait de façon linéaire, il y a toujours des temps d'avancée et des temps de stagnation, voire de régression. Lorsqu'une étape fait peur, que l'on ne s'y sent pas prêt, ou qu'un traumatisme est venu en bousculer le cours, on revient au déjà connu, c'est-à-dire aux fonctionnements de l'étape antérieure. Cela ne veut pas dire qu'on ne reprendra pas le chemin plus tard. D'autre part, des temps de grands remaniements sont suivis par des étapes plus calmes, qui permettent d'assimiler, d'intégrer ce qui a été vécu.

Il n'y a pas rupture entre les différentes tranches de vie, mais continuité de l'être, bien que des évolutions très importantes puissent se faire. Dans la personne âgée existent encore l'enfant, l'adolescent, l'adulte qu'elle a été. Chaque expérience, depuis le tout début, laisse des traces, reste définitivement inscrite, même si elle est recouverte par d'autres.

Cependant, à chaque âge de la vie, pour accéder à l'étape ultérieure, il faut accepter de remanier notre image de nous-mêmes, il faut accepter de laisser, de perdre pour avancer. La psychanalyste bien connue Françoise Dolto faisait un parallèle avec les tailles indispensables au développement harmonieux de toute plante. Pour l'être humain, il en est de même. La croissance le nécessite. Mais chaque plante est différente ! Un collègue décédé il y a quelques années, le Dr Ribstein, psychiatre d'un service d'adolescents à Montpellier, utilisait une image très parlante. Il disait que l'être humain se construit un peu comme un jeu de Lego : certaines pièces sont présentes d'entrée (capital génétique, sexe biologique, caractères innés...), d'autres pièces vont s'ajouter au fur et à mesure de la construction, du fait des liens avec l'entourage premier, du fait également de l'éducation, la scolarité, la culture, les activités physiques, les voyages, la vie sociale, la vie spirituelle... et ceci jusqu'à la fin de la vie. L'être humain est en construction permanente, jusqu'à sa mort, mais il y a dans cette dynamique des moments essentiels. Chacun va s'essayer à élaborer sa propre construction, à travers des assemblages temporaires ou empruntés à d'autres. Mais le plus important est que la personne arrive à trouver une façon d'être dans laquelle elle se trouve en accord suffisant entre ce qu'elle montre et ce qu'elle ressent intimement. On parle de l'importance de « s'aimer soi-même ».

La vieillesse « reconvoque » les autres âges de la vie : on retrouvera tout autant les richesses emmagasinées que les failles.

La petite enfance, un moment essentiel

Tout se joue avant six ans, titrait un best-seller du médecin américain Fitzhugh Dodson, paru dans les années 1970. Heureusement, il n'est pas vrai que tout soit joué ! Sinon, inutile serait tout travail psychothérapique et vain serait le message de l'évangile ! Mais il est exact qu'au cours de cette période se mettent en place des éléments fondamentaux de la vie affective, psychique, relationnelle. Si ce soubassement est solide, toute la suite y trouvera un point d'appui. S'il y a des failles graves, elles aussi se manifesteront.

La petite Léa commence à marcher. Enfin, elle peut découvrir le monde ! Elle part à l'aventure, se retournant de temps à autre pour voir si ses parents sont toujours bien en vue. Du regard, les parents l'encouragent à poursuivre. Tranquille, elle poursuit son chemin. Elle arrive vers l'escalier. Elle se retourne. À cet âge, le « non », ou un simple froncement de sourcils des parents la renseignent : il ne faut pas. Elle fait confiance, et repart dans l'autre sens. Il faudra encore quelques mois avant qu'elle ne joue avec la limite… à moins que les messages reçus aient été trop ambigus. Dans ce cas, elle sera susceptible de se mettre en danger. C'est dans et par le regard de l'autre que l'enfant se construit. Le Pr Marcelli, chef d'un service de psychiatrie infanto-juvénile, développe dans un ouvrage récent [2] comment ce regard d'autrui est fondateur du lien humain, et exerce des effets tout au long de la vie, tant au niveau des individus que dans la culture.

Pendant longtemps, l'enfant n'a pas eu le statut de sujet. Considéré comme matière à modeler, il n'avait pas droit à la parole. Ce n'est plus le cas aujourd'hui : « Le bébé est une personne [3] ». Mais cette évolution des pensées a parfois fait basculer dans l'erreur : croire que ce petit être pourrait se construire seul, par lui-même. Ceci conduit à des aberrations. Le petit enfant a besoin des poteaux indicateurs et des garde-fous que sont les adultes pour se construire. La petite enfance, c'est tout d'abord l'entrée dans le monde des humains, une inscription dans la vie familiale et sociale, concrétisée par un prénom et un nom, et la mise en place de tous les premiers repères.

Les premiers liens, s'ils sont suffisamment fiables, vont permettre que se construise une sécurité de base, ancrée dans les relations d'amour et dans la parole à laquelle on peut faire confiance. Mais il faut que se posent aussi les premiers jalons d'une identité personnelle, distincte, qui soit reconnue et respectée dans sa valeur unique. Il faut sortir de la fusion primitive. L'enfant sort du « On » pour accéder au « Je », à la parole.

L'in-fans, littéralement le « sans parole », devient un sujet, un humain parlant, animé par sa propre dynamique désirante.

Un jour, dans un groupe de parole que j'animais avec les soignants d'un service de personnes âgées, une infirmière très dévouée et très aimée des résidents raconta une mésaventure qui l'avait laissée perplexe : « Alors, mémé, on va aux toilettes ? » Elle avait pris gentiment la personne par le bras et elles s'étaient dirigées vers le lieu adapté. Arrivée à la porte, la vieille dame se retourna et lui dit : « Parce que toi aussi tu y vas ? ». C'est ainsi qu'elle avait interprété le « on ». Nous avons longuement parlé de ce « on ». Toutes les personnes présentes le référaient spontanément à la petite enfance. C'est aux tout-petits que l'on s'adresse ainsi. Lorsque les personnes âgées deviennent dépendantes, l'entourage et le personnel soignant ont spontanément tendance à retrouver certaines attitudes qui sont instinctives avec le tout petit enfant. C'est certainement positif sur de nombreux plans : le contact plus proche, plus corporel, l'affection plus exprimée que lors de la vie adulte. Mais attention : parfois nos attitudes peuvent nier la personne âgée dans son identité distincte. Au début de la vie, nous avons à favoriser l'accès au « Je », à sa fin, nous avons à veiller à son maintien, à son respect.

Temps de mise en place des repères fondamentaux, temps des premières séparations d'avec le milieu familial (crèche, école maternelle...), de la première socialisation, la petite enfance est un temps d'importance majeure.

L'évangile met en relief la valeur unique de chaque être humain dès le tout début, et l'ancrage de toute vie dans la relation : chaque humain compte aux yeux de Dieu, dès le sein maternel et jusqu'à son dernier souffle. Parfois, cette « reconnaissance » spirituelle peut mettre fin à une longue quête stérile. Tout bébé, Magali a été abandonnée par sa mère. Cherchant inlassablement à compenser ce manque, restée dans la nostalgie d'une relation qu'elle n'avait pas connue, elle a accumulé rupture sur rupture. Son attente était telle que tour à tour, amis ou amoureux prenaient la fuite. C'est dans la rencontre avec Dieu, dans l'annonce qu'elle en était attendue et aimée, telle qu'elle était, qu'elle a pu trouver un apaisement, accepter son histoire et sa douloureuse privation. Le regard de Dieu lui a donné existence, l'a construite, lui permettant alors d'accepter qu'elle ne pouvait pas vivre ce qui n'avait pas été, mais qu'elle pouvait avoir pleinement un avenir. Cette « identité en Christ » peut être source de croissance et de restauration.

Temps de pause : la période de latence

Elle fait suite à la petite enfance. Les mouvements pulsionnels de l'Oedipe ont été dépassés. L'enfant n'est plus dans ces amours exclusifs et contradictoires pour ses parents, qui font de tout autre (en particulier du parent de sexe opposé) un rival. C'est le moment de l'âge de raison, des grandes acquisitions scolaires. Cet âge-là est aussi un temps fondamental : c'est dans ce temps plus tranquille émotionnellement que l'on apprend à diversifier ses intérêts, que l'on s'ouvre à quantité de choses, et pas uniquement scolaires.

« Dis, papa, pourquoi... » On regarde les hommes, le monde, la vie, la mort ... on essaie de comprendre. C'est aussi l'âge de la relation avec le groupe, les pairs. On mord la vie à pleines dents, dans tous les domaines.

Il est important que les enfants puissent vivre chaque étape tranquillement, à leur rythme, et ne soient pas précipités par les parents, la société, dans un grandissement prématuré. Ces temps de pause, tout au long de la vie, sont essentiels pour que puissent être assimilées les expériences vécues.

Ces intérêts divers, cette ouverture à la vie, nous en retrouverons toute la valeur à l'approche de la vieillesse.

Le mouvement de l'adolescence

La période qui s'amorce ensuite, à un âge variable selon les enfants, est plus remuante, tant pour le jeune que pour son entourage ! Tout change : le corps, les liens aux parents, aux autres. La sexualité devient possible. C'est difficile. On a envie d'être grand, et du mal à quitter l'enfance, même si on n'en dit rien. C'est un âge plein de promesses et de contradictions.

Lorsque j'avais 15 ans, s'il m'arrivait d'avoir « le vague à l'âme », et si j'avais la chance d'être dans la maison de mes grands-parents, je montais au grenier. Je m'installais sur le vieux tabouret de bois de mon grand-père, dans le petit réduit où, dans mon enfance, je l'accompagnais pour le plaisir de le regarder réparer des chaussures, faire de petits bricolages. C'était un tout petit cagibi construit dans un coin du grenier. De la petite fenêtre, on avait une vue dominante sur toute la vallée. Ses outils, toujours posés sur l'étagère sommaire, rendaient encore plus tangible cette présence qui avait beaucoup compté pour moi. Je restais là, je rêvais, parfois je lisais, je méditais, je priais. Dans ce lieu clos, sécurisant, rempli de souvenirs, j'étais bien. Sans doute y retrouvais-je mon enfance, au moment où elle s'en allait sans retour. Et je la respirais à pleins poumons. Je ne parlais à personne de ces moments régressifs. Ils me permettaient de redescendre apaisée, renouvelée, prête de nouveau à affronter la vie.

Je voudrais dire et redire aux grands-parents combien ils sont précieux. Ils sont les témoins de ce temps si important de l'enfance. Près d'eux, présents réellement ou dans le souvenir, les ados peuvent se laisser aller, sans avoir de comptes à régler, sans avoir peur d'être englués dans la dépendance. En effet, les ados sont grands et encore petits à la fois. Mais ils ne peuvent montrer que leur désir de partir, de se débrouiller seuls, du moins à leurs parents.

L'adolescence est marquée en tout premier par les transformations du corps (la puberté). Il est important de bien réaliser que ces changements s'imposent à l'adolescent qui peut les vivre comme un heureux avènement, ou comme quelque chose de très troublant, de très dérangeant, voire d'impossible.

C'est au cours de cette période que l'adolescent cherche qui il est, recherche ses origines s'il y a de l'inconnu, tâtonne pour trouver sa voie. D'où est-ce que je viens ? Quel est le sens de la vie ? À quoi cela sert-il de vivre ? Qui suis-je ? Que vais-je faire ? Bien des questions tenaillent l'adolescent. Il a besoin d'autorité qui rassure et de liberté pour expérimenter la vie, pour pouvoir faire les choix fondamentaux. Pour devenir lui-même, l'adolescent doit se démarquer des projets parentaux et trouver sa propre voie.

Ne va-t-on pas retrouver certains de ces éléments à la fin de la vie ? La personne vieillissante, comme l'adolescent, sent son corps lui échapper, questionne d'une façon nouvelle le sens de la vie, et, surtout si elle est malade, a besoin d'un entourage de sécurité ; mais elle désire également rester maîtresse de sa vie, de ses décisions, dans toute la mesure du possible.

L'adolescence, c'est l'avenir encore entièrement ouvert (ou du moins le croit-on). À la vieillesse, il n'en est plus de même, et on le sait. Mais le désir d'être « soi » est toujours aussi présent !

L'âge mûr

L'âge mûr est le temps des réalisations. Si tout s'est bien passé, on a pu réaliser un choix professionnel, y prendre des responsabilités. Sur le plan personnel, on a pu, la plupart du temps, fonder un couple, une famille, avoir à son tour des enfants, ou avoir trouvé une autre manière de vivre dans laquelle on a le sentiment de s'être réalisé.

Un de mes enseignants, le Pr Lafon, définissait ainsi la maturité : « Moment où un être atteint son développement complet physique et psychique, état adulte. La maturité légale ne correspond pas toujours à la maturité. La maturité implique la capacité d'autonomie personnelle, l'attitude objective envers soi-même et son milieu, l'intégration de la fonction sexuelle, l'acquisition d'une capacité professionnelle, l'intégration d'une option métaphysique et la notion d'un but dans la vie[4]. » C'est ambitieux, voire inatteignable ! Mais l'âge mûr devrait être celui où l'on a suffisamment accepté son histoire pour assumer ce que l'on est devenu, avec les réalisations effectives et les rêves avortés, l'âge aussi où l'on est suffisamment mature pour abandonner les masques, être soi. Cependant, les blessures de la vie, en particulier les perturbations des premiers liens, rendent parfois ce chemin difficile. Il y a des deuils à faire, mais aussi des talents à ne pas enterrer.

Au plan spirituel, la maturité n'est pas liée à l'âge

On voit dans les récits bibliques des enfants saisir beaucoup mieux le sens de la foi que des adultes chevronnés ayant étudié toute leur vie les Écritures (Samuel, David..). Ne voit-on pas Jésus à 12 ans, ayant échappé à la vigilance de ses parents, parler d'égal à égal avec les maîtres de la loi dans la synagogue[5] ? Le récit se termine par ces mots : « Et Jésus progressait en sagesse, en stature et en grâce auprès de Dieu et des humains. »

On peut être sage très jeune et ne pas l'être très tard ! dit le livre de la Sagesse[6].

Dans la Bible, le « vieil » homme n'est pas un homme vieux, c'est l'humain qui n'a pas encore été renouvelé par Dieu. L'homme nouveau, régénéré, quel que soit son âge, a développé une foi personnelle qui trouve à se vivre au sein de la grande communauté des chrétiens. Les chrétiens sont destinés à devenir des « homme(s) adulte(s)[7] », ce qui a des répercussions sur tous les domaines de la vie. Ce n'est pas le cas de tous. Parfois certains restent des nourrissons attardés, qui viennent toujours prendre leur « biberon spirituel » ou religieux, mais n'ont pas accédé à un statut d'hommes et de femmes capables d'engagement et de positions personnelles. Ils demandent à être nourris, mais ne prennent pas leur part de responsabilités. Responsabilité ou dépendance se retrouveront à tous les âges. Dans l'Église primitive, les « anciens » étaient ceux qui portaient la responsabilité de l'Église.

La croissance spirituelle a, elle aussi, ses moments forts et ses périodes de latence. Il y a des moments de découverte extraordinaire : découverte de cet amour libérateur de Dieu, moments d'intense partage avec d'autres... Et il y a les moments de doute, de désert. La croissance spirituelle nécessite des étapes : découvrir Dieu comme créateur et accepter son propre statut d'humain créé, inscrit dans la finitude, le découvrir comme Père. Cette découverte de Dieu comme Père ne peut se faire que par Jésus-Christ. Jésus dit : « C'est moi qui suis le chemin, la vérité et la vie. Personne ne vient au Père sinon par moi[8]. ».

Après cette découverte va s'approfondir une relation d'intimité avec Dieu, par la lecture de sa Parole, la Bible, et par la prière. Il est important, pas à pas, jour après jour, de laisser cette relation interpeller notre vie et nous donner un autre regard sur nous-mêmes, les autres, et l'existence. Se découvrir, avec d'autres, enfants de Dieu, change la relation et crée une autre « famille ».

Le fait d'être chrétien n'empêche pas que nous restons des humains, des êtres tiraillés, marqués par notre aliénation fondamentale. C'est une dimension que fait toucher du doigt toute démarche psychanalytique. La Bible en parle aussi. L'apôtre Paul le dit ainsi : « Car ce que je produis, je ne le comprends pas. Ce que je veux, je ne le pratique pas, mais ce que je fais, c'est ce que je déteste[9]. ». L'être humain n'est pas binaire, comme les ordinateurs. Ce n'est pas un choix en « ou », l'un ou l'autre, mais les deux choses coexistent en nous, en même temps : c'est l'un et l'autre.

La crise du milieu de la vie

Les enfants ont grandi, parfois entamé une vie professionnelle, affective, sexuelle. C'est une nouvelle étape pour chaque adulte et pour le couple. Lors d'un débat sur la relation parents-adolescents, une adolescente avait mis dans la boîte à questions : « Ma mère et moi nous nous accrochons sans cesse. Est-ce que c'est ma crise d'adolescence ou sa crise de la cinquantaine ? » Les deux sans doute, car le grandissement des enfants puis leur départ obligent les parents à aborder une nouvelle étape. Et pour ceux qui ne sont pas parents, comme pour ceux qui le sont, cela les confronte à la fin de la fécondité (en tout cas pour les femmes) et donc à une nécessaire intégration de ce facteur. Pour certaines, ce ventre « vide » est insupportable et amène à des conduites qui visent à le remplir : boulimie, alcool parfois.

Il est des personnes que le départ des enfants confronte à un grand manque, un sentiment d'inutilité, surtout si leur fonction maternelle était le pôle principal de leur vie. Parfois elles reprennent un travail, ou s'investissent dans des activités associatives, parfois s'engagent dans un nouvel amour. En effet, c'est aussi une étape dans le rapport au sexe opposé et à la séduction. Puis-je être encore désirable, désirée ?

La même question sous-tend pour les hommes ce que l'on a appelé le démon de midi. Mais à la différence que l'homme, lui, peut encore procréer, et, par cet acte, en choisissant une femme beaucoup plus jeune que lui, il peut avoir l'illusion de « redevenir jeune », de redémarrer à zéro ! Il ne réalise pas bien que son âge le rattrapera, et que, dans 15 ou 20 ans, il sera un « vieux » père, ce que lui signifiera peut-être son enfant sans ménagement. Plus tard aussi, il aura toujours 20 ans de plus que sa nouvelle compagne, qui aura alors d'autres forces et d'autres intérêts que lui…

Ne pas vivre au juste temps n'est pas sans poser problème. Mais il y a aussi des paris réussis !

Ce ne sont pas des situations à interpréter sauvagement du dehors, mais il est souhaitable que les personnes qui s'engagent dans de tels choix essaient, le cas échéant en faisant un travail sur elles-mêmes, de bien cerner les motivations personnelles en jeu.

Il est important de réaliser que cet âge est une étape sur le plan de l'identité personnelle. On est ainsi plus à même de veiller à cultiver le rapport à son conjoint.

Le troisième âge

C'est sur tout ce terreau préalable, avec ses richesses et ses failles, que va se profiler la vieillesse. Ces « tranches » de vie que je viens de décrire, l'écrivain Madeleine Chapsal conseille aux hommes et aux femmes « de vivre chacune avec une intensité telle que, plus tard, ils n'aient ni envie ni besoin de revenir en arrière ». Plus tard, dit-elle « on entre dans la tranche du retrait, de la méditation, des vendanges tardives, du retour sur ce que la vie nous a enseigné, de ce qu'on a su en retenir [10]. »

Souvent on parle de la vieillesse comme du processus inverse de l'évolution : une involution. Ce n'est pas une idée juste. L'être humain est toujours susceptible d'enrichissement. Lorsque ma mère a approché de l'âge de la retraite, je me suis fait beaucoup de souci pour elle. J'avais tort ! J'ai découvert toutes les potentialités qui étaient les siennes, et qu'elle a pu développer alors.

L'étape de la mort des parents est importante. Tout se passe comme si, jusque-là, leur présence protégeait non seulement de la mort, mais d'être vieux. Est-on vraiment vieux tant que ses parents sont vivants ?

J'aborderai en détail dans un autre chapitre l'étape que représente la retraite. Je ne m'y attarde donc pas ici. Outre cet arrêt de l'activité professionnelle, le corps et les facultés commencent à se ressentir de l'âge. Même si aucune maladie avérée n'est présente, il y a une certaine diminution de capacités : on a moins de résistance, on réagit moins vite, le sommeil est moins bon, peuvent exister des difficultés de concentration, de mémorisation, une baisse de l'audition, des problèmes visuels. Nous aborderons plus en détail ces changements du corps, des liens, de la mémoire, au fil des différents chapitres.

Souvent rien n'est dramatique, mais tout va dépendre de la façon dont la personne abordera cette étape. Elle peut utiliser et développer toutes ses potentialités, qui sont nombreuses, inventer de nouvelles façons de s'épanouir, profiter du temps devenu libre pour de multiples activités, concrétiser des engagements humanitaires, sociaux, religieux tout à fait accessibles, en ayant une hygiène de vie qui favorise le maintien de ses potentialités ; ou, au contraire, elle peut rester dans le regret stérile et destructeur de « ce qu'elle ne fait plus ».

Les capacités créatives de la personne, ce qu'elle a développé antérieurement, la qualité des liens qu'elle a établis, comme ce qui est offert par l'environnement familial et social, les conditions de vie, les conditions financières, tous ces facteurs vont jouer un rôle.

Il existe encore des capacités d'acquisition au troisième âge, et même bien plus tard : je connais un homme de 80 ans qui s'est inscrit à des cours de grec à l'Institut de théologie, pour approfondir son approche biblique ! Nous savons tous l'essor qu'ont connu les universités du troisième âge. Beaucoup de personnes se mettent à l'ordinateur à un âge respectable… Tout ceci est ouvert, sauf si la personne s'est enfermée dans une image de la vieillesse où plus aucune acquisition n'est possible.

Pour résumer ma pensée : certaines potentialités se perdent, mais d'autres peuvent s'enrichir. Les « vieux » sont des éléments dynamiques du champ associatif, culturel, sportif… Beaucoup de « vieux » sont encore très en forme, d'autres le sont moins.

Il y a des renoncements nécessaires, des choses à développer dans les domaines où les performances restent satisfaisantes, et de nouvelles possibilités à découvrir.

Le grand âge

Il commence dix ou quinze ans plus tard, quand les forces peu à peu ne permettent plus la même vie active. Il peut être plus précoce par suite de maladie, ou parce que la personne s'y est inconsciemment inscrite.

Le temps va prendre une dimension nouvelle. Pourquoi la durée subjective de l'existence est-elle si variable selon les âges de la vie ? Les journées passent très lentement lorsqu'on est enfant, puis on a l'impression, même si les journées sont longues durant la vieillesse, que les années passent à toute allure, et de plus en plus vite. Est-ce parce que, petit, on découvre sans arrêt du nouveau ? Est-ce parce que la proportion d'une année, par rapport à la durée de vie vécue, est énorme quand on a 5 ans et minime lorsqu'on en a 90 ? Est-ce parce qu'on regarde l'avenir en proportion du passé ?

Ne pouvant plus être dans le faire, le grand âge peut être un temps privilégié pour la croissance de l'être. L'apôtre Paul n'affirme-t-il pas que « l'homme intérieur se renouvelle de jour en jour[11] » ? Gilbert Cesbron est un auteur que j'ai beaucoup aimé dans ma jeunesse, à cause de son livre parlant des jeunes en dérive, *Chiens perdus sans collier*. Il est davantage connu pour *Notre prison est un royaume* et pour sa pièce *Il est minuit Docteur Schweitzer*. Or, j'ai découvert qu'il avait écrit sur la vieillesse un livre par moments un peu désabusé sur la nature humaine, mais plein d'espérance aussi : « En prenant de l'âge, beaucoup s'inquiètent de ne plus trouver d'intérêt à la vie. Ils devraient bien se demander si le moment n'est pas venu de trouver un autre intérêt à la vie, ou de l'intérêt pour une autre vie[12]. »

La conception biblique de l'homme, qui ne sépare pas corps

et esprit, peut être d'un grand apport. En effet, au moment où le corps fait défaut, cette unité de l'être est encore plus importante.

On constate que pour ceux qui ne se sont pas renfermés sur eux-mêmes, et qui ont gardé leur pleine lucidité, le grand âge est empreint d'un regard bienveillant sur les autres, beaucoup plus tranquille, plus tolérant. On sent une sorte de sérénité, malgré les vicissitudes du corps, qui, lui, fait souvent souffrir et dont les capacités sont diminuées. Les jeunes générations trouvent auprès des « vieux » une écoute, une douceur, une compréhension qui peuvent être très précieuses. Le regard sur les événements change avec l'âge. « Consolez-vous de vieillir : quand on gravit une montagne, on a de moins en moins de terrain sous les pieds, mais une vue de plus en plus étendue[13]. »

On oublie trop souvent cette réalité au profit d'images de dépendance, de déchéance.

L'allongement de la durée de la vie de près de 30 ans en un siècle a essentiellement allongé deux périodes : celle de l'adolescence (les jeunes ne ressentent plus une urgence à fonder une famille, à avoir des enfants) et le troisième âge[14]. Il ne semble pas que la période de dépendance s'en soit trouvée allongée. Personnalité dans le monde médical, cancérologue réputé, le Dr Tubiana s'est penché sur le « Bien vieillir ». Voici ses propos : « À quoi bon, dit-on parfois, vivre plus longtemps si c'est pour être grabataire ? Or, ce n'est pas ce qui est observé. Le nombre des années vécues avec des incapacités graves n'augmente pas, et il a même tendance à se réduire, chez l'homme plus que chez la femme d'ailleurs, et sa durée est inférieure à 3 ans. Les incapacités surviennent en fin de vie. Pour les incapacités légères, la situation est également rassurante et l'espérance de vie sans incapacité (grave ou légère) augmente au même rythme que l'espérance de vie totale[15]. »

Du fait que les hommes meurent plus précocement que les

femmes, leur mort est plus souvent en lien avec une maladie (cardiovasculaire en particulier), ce qui explique que les déficiences du grand âge les touchent moins, si l'on se place sur le plan statistique.

La mort, dernière étape de la croissance[16]

Tous ceux qui accompagnent des personnes en fin de vie pensent que « vivre sa mort » est important. Dans la pensée de la plupart de nos contemporains, mourir sans en avoir conscience, par exemple dans son sommeil, ou très brutalement, de sorte que l'on n'a pas le temps de se voir mourir, est le summum du « bien mourir ». Je ne le crois pas. Je crois qu'au contraire, avoir fait tout le chemin qui permet de voir la mort arriver, en ayant réglé ses affaires, en ayant acquis une sérénité, une paix profonde, quitter cette terre en disant adieu à ceux qu'on aime, en étant accompagné par leur présence (même s'ils ne sont pas là à « l'instant » de la mort), est un privilège immense, pour celui qui meurt tout autant que pour ses proches. C'est un dernier acte de sujet. Comme me le disait un médecin que j'ai accompagné durant ses derniers mois de vie : « Je voudrais partir en homme debout ». Et il a pu le faire.

Se construire comme être humain implique pour chacun une appropriation de son corps et de son identité sexuée, des possibilités souples d'identification et de différenciation, un sentiment d'appartenance à des groupes humains, mais aussi un développement de la capacité à être seul, une intégration de l'histoire subjective, une inscription dans la lignée et dans la succession des générations… Ce sont tous ces aspects que nous allons aborder au fil des prochains chapitres.

4

La différence des générations, un repère indispensable

• Quand le repère fait défaut • Des rites de passage • Accepter sa place dans les générations • Honorer et quitter la génération antérieure • Le conflit des générations • Se rencontrer • Une chaîne de vie • Oser inventer

Dès la Genèse, la différence est inscrite dans la création. À partir du « tohu-bohu », de l'informe, par étape, Dieu fait émerger des entités. Il sépare et il nomme : le jour et la nuit, les continents et les mers... Il fait participer l'homme qu'il vient de créer à cette tâche : il lui confie la mission de nommer chaque animal, puis celle qui est de sa chair en même temps que différente, cette femme que Dieu lui donne comme « vis-à-vis ».

Cette séparation première donne à chaque partie de la création une existence distincte. À l'opposé de Dieu, qui opère des séparations constructives, Satan, le diviseur, rétablit la confusion ou suggère qu'il faut prendre la place de l'autre dont on est envieux (Dieu, puis Abel… et ça continue !). On cesse alors de vivre dans le respect de l'existence de l'autre. Le monde est bien le même depuis l'aube des temps !

Quand le repère fait défaut

Parmi les différenciations fondamentales, il y a la différence des sexes et la différence des générations. Seule cette dernière nous intéresse pour notre réflexion.

Pour qu'un enfant puisse se situer parmi les êtres qui l'entourent et comprenne leurs rapports réciproques, il faut que ce repère se soit établi. Lorsque ces repères sont flous, si quelqu'un se trompe de place, cela a de graves effets. J'ai eu souvent l'occasion, dans mon métier, de voir les effets pathogènes du gommage des générations et des places respectives.

Lorsqu'Évelyne vint en consultation, elle me parla très longuement du conflit interne qu'elle vivait depuis son enfance. Confiée à sa grand-mère maternelle dès son plus jeune âge, parce que celle-ci ne pouvait s'imaginer « sans enfant à la maison », elle avait toute sa vie ressenti douloureusement le conflit latent entre « ses deux mères ». Elle ne savait pas comment se situer, ayant en permanence l'impression de trahir l'une d'elles, alors même qu'elle était maintenant adulte. Cette femme s'exprimait bien, avec facilité. Quelle ne fut pas ma surprise quand, au moment de payer, elle signa le chèque mais me demanda de le remplir. Voyant mon étonnement, elle me dit : « C'est parce que je suis dysorthographique. Quand j'écris, je redouble les consonnes, en particulier les « m », c'est ainsi depuis mon enfance ». Elle n'avait jamais, jusque-là, fait le lien avec ses deux « mères », elle dont la grand-mère avait refusé de rester à sa place dans la succession des générations !

Bien sûr, il n'est pas facile d'accepter qu'une autre génération grandisse et vous fasse monter d'un cran dans la chaîne. Parfois les adolescents ont une façon un peu abrupte de signifier cette réalité. Mais peut-être ont-ils besoin d'enfoncer le clou pour que ce soit bien établi.

Un jour, au supermarché (j'avais à l'époque un peu moins de 50 ans), je tombai nez à nez avec une femme que je connaissais bien, accompagnée de ses deux fils adolescents, 14 et 15 ans. Nous conversions avec plaisir, leur mère et moi, quand leur dialogue m'intrigua : « 12 », « non 8 », « 16 », « 17 », « 6 ». Me demandant de quoi ils parlaient ainsi, je leur posai la question. Ils étaient en train de noter les filles qui passaient ! Je leur dis : « Alors, je n'ose pas demander la note que vous m'attribueriez ! » La réponse fut sans ménagement : « Oh, toi, tu n'es même plus cotée à l'argus ! » Ce n'était pas très agréable, mais cela disait une vérité fondamentale que les adolescents ont besoin de sentir : nous ne sommes pas de la même génération, et nos désirs, quant à la sexualité, n'ont pas à s'entrecroiser.

J'ai longtemps travaillé dans un établissement recevant des adolescentes en grande difficulté.

Certaines ne trouvaient pas dans leurs « parents-copains » les repères fondateurs dont elles avaient besoin. Ils fréquentaient les mêmes « boîtes » de jeunes, échangeaient leurs habits, étaient incapables de poser le moindre interdit protecteur. Ce peut être flatteur, dans un premier temps, d'avoir une mère « dans le vent ». Mais quand le petit copain se met à la draguer, et que parfois même elle y répond, alors tous les repères basculent. Il en est de même quand un père choisit pour petite amie une copine de sa fille ou de son fils. Les adolescents peuvent aller très mal. Je me souviens aussi d'une adolescente très perturbée après que sa mère se soit jointe à leur groupe d'adolescents pour fumer un joint avec eux : « Ce n'est pas sa place. Elle n'a qu'à le faire avec ses copains à elle si elle veut. Elle devrait au contraire nous aider à faire autre chose ! » Les enfants sont capables de trouver tout seuls leurs copains. Par contre, ils ont besoin, sur leur route, d'adultes bien positionnés, à leur place dans la génération précédente.

On a peur de se sentir « vieux » si l'on grimpe dans l'échelle des générations. Pourtant, c'est de place et non d'âge qu'il s'agit.

Des rites de passage

Ils sont très marqués dans certaines civilisations. Ils se sont estompés dans la nôtre. Cela fait défaut. Le service militaire en était un, important pour tous, parents et enfants : une page était tournée. On en prenait acte socialement.

Devenir parents, puis plus tard grands-parents peut être un rite de passage, à condition que chaque place soit clairement nommée. Certains parents, voire grands-parents, proposent d'être nommés par leur prénom. Lorsque cela est systématique, et choisi par l'adulte, l'appellation perd sa valeur de repérage.

Roger était très content d'être appelé par tous par son prénom. Ça fait jeune ! Quelle ne fut pas sa surprise de s'apercevoir que son petit-fils âgé de presque 9 ans ne savait pas qu'il était son grand-père ! Après avoir réalisé la chose, l'enfant ne le lâcha plus, tout en clamant à tous ceux qu'il croisait : « J'ai un papy ! J'ai un papy ! »

La retraite est un autre rite de passage. Mais elle ne l'est que si elle donne lieu à un moment socialement partagé, qui en signifie le sens. Il en est de même pour les fêtes familiales et amicales qui peuvent jalonner le franchissement des dizaines d'années d'âge !

Les rites aident à marquer le temps, à se situer.

Accepter sa place dans les générations

Pendant longtemps, sont vieux tous ceux qui ne sont pas de votre génération, sans distinction.

À 10 ans on parle des vieux de 15 ans, à 20 de ceux de 30, à

30 de ceux de 50, à 70 de ceux de 80 !! Le pépé de 95 ans parle du « petit jeune » de 85 ans... Tout est relatif ! Le vieux c'est celui qui n'est pas dans le coup, au contraire de nous bien sûr ! On ne réalise pas que chaque âge, on l'a eu, ou qu'on l'aura un jour, si l'on est encore en vie !

J'ai été grand-mère à 39 ans. Je ne me suis pas sentie vieille pour autant. Sans doute m'en suis-je prémunie pendant la grossesse de ma fille, que je trouvais bien jeune pour être mère. Si elle était trop jeune... alors moi je pouvais ne pas être vieille !

Par contre, un autre événement m'a saisie vraiment par surprise et m'a tout à coup fait prendre conscience du décalage des générations, du fait que j'étais vraiment passée à une autre étape de ma vie. J'avais eu plusieurs fois des échanges téléphoniques avec une femme, médecin généraliste, dont j'appréciais beaucoup la façon de soigner. Un jour, nous avons eu l'occasion de nous rencontrer. J'étais heureuse de la connaître. Je pensais bien qu'elle était jeune, à cause du son de sa voix. Mais ce fut autre chose qui me « sauta en pleine figure ». « Êtes-vous la mère de Claire ? » me demanda-t-elle. Et elle ajouta : « J'étais dans la même classe qu'elle au lycée ». C'est là que j'ai pris conscience que, maintenant, j'étais dans une autre tranche de ma vie : mes collègues pouvaient être de l'âge de mes enfants !

Récemment une amie me parlait des difficultés de couple et de travail de quelqu'un que j'avais bien connu lorsque j'étais à Paris. Je le revoyais grand adolescent particulièrement sympathique. Je m'informai : « Quel âge a-t-il maintenant ? » Je m'apprêtais à une réponse de l'ordre de 40 ans. Elle précisa : « 55 ans ». « Ce n'est pas possible !! » — Ses 55 années ne me laissaient aucun doute sur le nombre des miennes !

Chacun peut, je pense, retrouver des moments semblables. Nous avons du mal à voir le temps passer, les générations se succéder. Cela nécessite un vrai travail psychique pour l'assimiler. Or, il est indispensable que chaque génération accepte sa place dans la pyramide des âges pour que la génération qui suit puisse se construire correctement.

Honorer et quitter la génération antérieure

Deux paroles bibliques sont la trame de fond d'une réalité psychologique indispensable au développement humain :

« Honore ton père et ta mère, afin que tes jours se prolongent sur la terre que le Seigneur, ton Dieu, te donne [1]. » C'est l'un des dix commandements, assorti d'une bénédiction.

« L'homme quittera son père et sa mère et s'attachera à sa femme, et ils deviendront une seule chair [2]. »

Comment comprendre ces deux ordonnances ? J'ai longtemps réfléchi à ce que pouvait vouloir dire honorer. Était-ce être soumis ? Ma conclusion est qu'honorer, c'est reconnaître à une place particulière signifiée socialement. Par exemple, lors d'un repas de mariage, on met souvent les parents, ou les témoins, à côté des mariés : à une place d'honneur. Cette place vient dire que ces personnes ont un statut particulier pour les époux et que cela mérite d'être connu. Honorer ses parents, c'est donc reconnaître la place fondamentale qu'ils ont eu dans notre vie. On ne peut couler des jours heureux si cette place n'est pas posée. J'ai eu plusieurs fois, pour un travail psychothérapique, des personnes qui avaient rompu toute relation avec leurs parents depuis des années. Or ces parents bannis de leur vie étaient omniprésents dans leurs propos. Il a fallu tout un temps de réconciliation avec leur passé (ce qui ne veut pas dire avoir dans la réalité des relations proches) pour qu'enfin, elles puissent être bien dans leur propre vie.

L'autre aspect de la question apparaît dès la Genèse (et avant la chute). Il est déjà clairement affirmé (et pourtant la 2e génération n'existait pas encore dans le récit) que les humains doivent « quitter le nid » pour s'envoler et créer une autre unité de vie.

Ces commandements bibliques concordent absolument avec les observations cliniques que l'on peut faire. Les enfants sont faits pour partir, comme le dit si bien le beau poème de Khalil Gibran, qui utilise la métaphore de l'arc et de la flèche !

Aline était une jeune et jolie fermière, fille unique d'un couple déjà âgé. Chacun voyait déjà sa voie toute tracée : elle prendrait leur suite, et serait leur bâton de vieillesse. Pour eux, cela allait de soi. Ils la regardaient avec bonheur vaquer d'un pas alerte à ses occupations. Tout était pour le mieux... jusqu'au jour où un jeune homme hardi vint lui faire la cour. Aline, rougissante, vint en parler à ses parents. Elle croyait naïvement qu'ils se réjouiraient de son bonheur. Il n'en fut rien. Elle ne trouva qu'amertume, reproches acerbes et odieux chantage : « Après tout ce qu'on a fait pour toi... Tu veux nous tuer ! » La mort dans l'âme, Aline renonça, gardant au fond du cœur sa blessure profonde. Quelques années plus tard, un autre homme croisa sa solitude. Il n'était pas jeune et beau, mais solide et gentil, et Aline décida d'unir sa vie à la sienne, d'autant plus qu'il serait certainement un gendre attentionné et qu'ils resteraient au village. L'accueil fut le même qu'autrefois, mais Aline tint bon. Bien sûr, les parents n'en moururent pas ! Aline demeura fidèle, attentive, mais prit soin de préserver sa vie. Elle ne voulut pas d'enfants : elle ne voulait pas prendre le risque d'un amour aussi possessif que celui qu'elle avait connu.

Un conte ? Non, une réalité que j'ai rencontrée à de nombreuses reprises, sous des formes diverses.

J'ai reçu un jour un charmant jeune couple. Ils avaient un petit enfant qu'ils avaient tous deux désiré et qui les réjouissait. Tout aurait dû être au mieux, mais ce n'était pas le cas. Sans qu'ils comprennent pourquoi, ils n'arrivaient pas à se retrouver heureux et amoureux, et ils en souffraient tous deux beaucoup. Lorsque je leur demandai s'ils pouvaient repérer quand avait commencé ce changement, la jeune femme affirma comme une évidence : « C'est quand il est devenu père ! » Je lui demandai alors de me parler de son propre père. Tout le problème s'avéra être là : n'ayant pas symboliquement « quitté » son père, son conjoint ne pouvait pas prendre sa place légitime en devenant lui-même père.

Oui, il est important que la génération des parents soit honorée mais aussi quittée.

Le conflit des générations

Il est lié à ce processus. Quitter le nid pour prendre sa place d'adulte se conquiert. Ce n'est facile ni pour la génération précédente, ni pour celle qui monte.

Le conflit des générations permet de se différencier : « Tu n'es pas moi, tu ne peux pas comprendre », disent souvent les adolescents. « C'est pas comme à ton époque ! » Être en conflit permet de prendre de la distance, protège de la dépendance, de trop de proximité dangereuse. La sexualité maintenant possible pour le grand adolescent nécessite cette protection. Le conflit est plus violent parce que des rites de passage, socialement reconnus, ne viennent plus soutenir ce processus. Les jeunes s'en inventent (habits de marques, piercings…), mais comme ils ne sont reconnus qu'à l'intérieur du groupe adolescent, ils ont une fonction d'appartenance au groupe des pairs, et non une fonction de passage. D'autre part, le confort et la liberté dans la maison parentale, l'autonomie par le travail retardée, incertaine, l'exemple des copains vivant encore chez leurs parents, rendent la dépendance encore plus difficile à quitter.

Se rencontrer

Notre société favorise les relations par tranches d'âge. La publicité s'en fait le vecteur. La plus grande partie du temps, chacun est entouré de gens de la même génération, que ce soit dans la scolarité, les loisirs, les sorties ou les vacances. Or les jeunes et les vieux ont besoin de ces liens intergénérationnels, ils ont plaisir à se rencontrer, à se connaître. Les cheveux blancs ne font pas peur aux jeunes !

J'ai l'occasion de me rendre assez régulièrement, pour des réunions, dans un collège situé dans une zone dite difficile. Comme nos réunions sont à midi, c'est le moment de la sortie des élèves. Un jour, alors que je montais le grand escalier, un groupe de garçons (de 14 ans environ) descendit. Tout à coup, l'un deux s'arrêta net et me lança : « Madame, est-ce que je peux vous dire quelque chose ? » Je lui affirmai que oui, bien sûr, me demandant ce qu'il pouvait avoir à me dire. Sa réponse me laissa sans voix un instant : « Vous avez de si beaux cheveux blancs ! » Ses copains furent aussi interloqués que moi : « Toi alors ! », « Eh bien je le pensais, j'avais envie de lui dire ! » Je l'ai remercié, puis chacun a passé son chemin.

Cette petite rencontre montre combien il est important pour les jeunes de croiser une autre génération. Au même âge, une de nos filles allait régulièrement s'asseoir sur les bancs du village avec les petits vieux qui en étaient ravis, bien sûr ! Elle aussi s'y posait avec plaisir. Avec la génération qui précède celle de leurs parents, les adolescents sont bien, parce que là, ils n'ont pas de comptes à régler. Et ils peuvent parler d'eux, de la vie, du passé, du futur, très librement.

Et ce n'est pas seulement à l'adolescence que les jeunes en ont besoin, c'est tout au long de la vie que les générations ont besoin les unes des autres, et dans les deux sens. Françoise Dolto, cette grande figure de la psychanalyse française, avait une pensée innovante en bien des matières. Constatant que la plupart du temps on n'est en contact qu'avec des personnes de la même génération, elle proposait la « révolution des petits pas », et elle avait imaginé des espaces de circulation, de rencontre, en particulier pour les tout-petits et les personnes âgées.

> Sur mon conseil, des architectes qui avaient à prévoir une ville nouvelle ont conçu un centre avec de telles ouvertures et possibilités de communication. Il paraît que ça marche très bien. Il n'y a aucune rupture, aucune ségrégation. La

maternité et l'infirmerie où l'on met les enfants qui sont un peu malades sont un peu séparées pour la contagion, mais une maman peut aller y voir un bébé, et puis aller voir son second enfant qui est à la crèche, et de là l'aîné qui est à la maternelle, en empruntant des petits couloirs couverts. Sur le terrain de jeux, il y a, comme au jardin du Luxembourg, du macadam avec des petits toits, pour s'abriter s'il pleut quand on passe de l'un à l'autre. On laisse un enfant de maternelle retourner à la crèche s'il veut y retrouver son petit frère ou sa petite sœur pour jouer avec eux.
J'avais demandé aussi que le terrain pour les vieux qui jouent aux boules, avec des bancs pour les femmes qui tricotent, et qui est un terrain un peu dégagé, ensoleillé, ne soit pas séparé du jardin des petits, qu'il n'y ait pas un mur, mais une haie d'arbustes qu'ils ne puissent enjamber, mais qui soit juste à la hauteur du nez d'un enfant qui marche. Il était souhaitable que les adultes puissent voir les enfants, et que les enfants puissent voir les vieux qui jouent aux boules et les grands-mères qui dès les beaux jours sont là sur des bancs. Les architectes ont ménagé cette visibilité. Et depuis que le jardin a été inauguré, il s'est établi une liaison extraordinaire entre les grands-pères et grands-mères et les petits qui sont dans les premières classes. C'est très important que les vieux puissent, s'ils le veulent, voir les enfants (il y a des bancs plus éloignés pour ceux qui ne veulent pas des cris d'enfants). C'est ainsi que, dans la société, se tissent des relations entre tous les âges[3].

En effet, il est fondamental que les enfants côtoient tous les âges de la vie, et inversement.

Une chaîne de vie

Chaque être humain s'enracine dans les deux lignées qui lui ont donné naissance. Si l'une de ces racines manque, il est souhaitable qu'elle soit au moins nommée. Dans les familles monoparentales, il est souvent nécessaire de faire comprendre à quel point nommer l'absence est important pour que l'enfant puisse se développer correctement.

Pendant quelques années, j'ai suivi en psychothérapie un

enfant élevé par sa mère seule. Cet enfant, qui avait alors 9 ans, me parlait presque à toutes les séances de « sa mauvaise main »... jusqu'au jour où nous avons pu faire le lien avec toute cette partie de lui, qui était, dans sa tête, reliée à la lignée paternelle, et qui ne pouvait être que mauvaise, d'après ce qu'il pressentait confusément. Le travail avec sa maman a permis qu'il puisse se différencier d'elle, et penser que son père, s'il avait été un époux avec lequel sa mère n'avait pu trouver le bonheur, n'était pas pour autant entièrement mauvais. Par conséquent, lui non plus ne l'était pas ! Il est important de reconnaître chaque lignée comme ayant de la valeur. Le pire pour un enfant est d'être pris dans le conflit parental ou dans la négation ou le mépris d'une lignée.

La Bible parle de la malédiction qui se poursuit sur trois générations. En psychiatrie, on constate que certaines pathologies graves se construisent à travers trois générations...

Mais le texte biblique poursuit en parlant de la fidélité de Dieu, qui, elle, peut s'étendre à mille générations de ceux qui l'aiment et gardent ses commandements[4] !

Certains Évangiles commencent par toute une généalogie. La filiation humaine de Jésus nous est donnée dans le détail, preuve de son entière incarnation, même si sa filiation divine a pleinement sa place aussi. Chaque filiation doit pouvoir exister. Il est parlé aussi de la chaîne des témoins qui a permis que la Bonne Nouvelle se transmette à travers les générations.

Oser inventer

J'ai lu dans la revue *l'École des Parents* des initiatives originales[5] (la Fédération des Écoles des Parents est un mouvement d'Éducation Populaire destiné à soutenir les parents dans leur rôle, par la réflexion sur l'éducation, l'échange) :

Des parrainages sont proposés à des personnes âgées : on est alors « grand-parrain » d'un « petit-filleul ».

Une École des Parents a rassemblé un groupe de personnes

d'un « certain âge » qui tricotent pour de futures mères isolées auxquelles elles écrivent aussi régulièrement.

Il est fait état d'une résidence en « papy-loft » (hébergement contre des services), etc.

Les églises aussi cherchent à innover : le culte des grands-mères est préparé par les grands-mères et les petits enfants… On fait des « camps famille », avec toutes les générations.

Chacun sent bien qu'il faut faire revivre le lien social, et en particulier le lien entre générations.

Je pensais aux *Quatre saisons* de Vivaldi. S'il n'y avait qu'une mélodie, qu'un rythme, à quel point le reste manquerait ! Il faut travailler à ce que notre mélodie humaine soit une partition à plusieurs voix !

Freud disait qu'il ne fallait jamais laisser le moi vide de représentation. Cela veut dire que pour se construire, l'humain a besoin d'images internes, qu'il abandonnera peut-être plus tard, mais qui servent d'appui. Les vieux d'aujourd'hui servent de support aux représentations de ceux qui seront vieux demain, ou plus tard. Un vieux qui tient la route permet aux plus jeunes d'avoir un étayage pour le futur. Mais étayage ne veut pas dire chemin tout tracé par avance. Un ami, membre comme moi de l'École des Parents du Gard, passionné de marine, a proposé un jour une image très intéressante : pour qu'un bateau s'oriente, il lui faut des points de repères. Sur la mer, les repères ne peuvent être, comme sur terre, sur la route elle-même ! Ils sont forcément à distance, mouvants (étoiles). Le chemin n'est absolument pas tracé : c'est par le sillage laissé que l'on voit la direction du bateau. Nous croyons souvent que nous ne servons pas de repère si l'autre est à distance. Il n'en est rien.

Chaque génération doit « prendre le large » et, forte de ce qu'elle a reçu, tracer son chemin, humainement et spirituellement !

5

Un corps qui se transforme

• Corps et esprit : une dualité ? • Le corps parle • Le corps, lui aussi, a une histoire • Le corps fait partie de l'identité • Cultiver son corps • Chaque jour, le corps se construit et se détruit • Se servir de son corps, un moyen de le cultiver • Ménopause et andropause • Accepter les pertes, mais rester acteur • Une prévention ?

Nous l'appelions Mémé Michèle. Elle avait un beau visage tout ridé. Lorsqu'elle se coiffait, ses longs cheveux, qu'elle n'avait pas coupés depuis sa jeunesse, lui arrivaient au-dessous des genoux. Qui aurait pu soupçonner cette chevelure, qui faisait sa fierté, sous son petit chignon austère ? Elle était toujours accueillante, ravie de recevoir chacun dans le foyer-logement de son village, dans lequel elle avait choisi d'entrer à

80 ans. Un jour, à 88 ans, on dut l'opérer d'un cancer du sein. L'intervention se déroula sans problème. Mais Mémé Michèle n'était plus la même. Lors d'une visite, elle me prit à part : « Il n'y a qu'à toi que j'ose parler de ça… Je me sens tellement ridicule ! Depuis qu'on m'a enlevé ce sein, je ne me sens plus une femme, et c'est terrible ! C'est ridicule : j'ai 88 ans, personne ne le voit, tout s'est bien passé grâce à Dieu, mais c'est ainsi. » J'étais un peu étonnée : elle était veuve depuis longtemps, avait toujours eu une vie ouverte sur les autres. Nous avons longuement discuté. Je lui ai parlé de « l'image inconsciente du corps [1] », que chacun de nous construit et remanie au fil de la vie, et qui n'est pas superposable au corps réel que nous avons. Quelque temps après, j'ai reçu une longue lettre me disant que, après avoir partagé le souci qui la minait, elle s'était tout de suite sentie beaucoup mieux et qu'elle avait maintenant retrouvé son entrain.

Mais oui ! Au-delà de notre corps réel, nous avons une image interne, une construction dynamique qui se remanie tout au long de la vie et conditionne notre rapport à notre corps organique. Tous ceux qui s'occupent de psychosomatique le savent bien.

Quelle relation avons-nous à notre corps ? Elle prend différentes formes. Aux deux extrêmes, on peut rencontrer soit une relation utilitaire (il nous sert, donc il faut le nourrir), soit une relation qui en fait un objet d'adoration (tout est fait en fonction de son apparence, ou pour lui). Le corps est une création extraordinaire dont le fonctionnement ne peut que susciter notre émerveillement… même si parfois il s'enraye. Rien ne peut exister sans prendre forme : nous ne pouvons manger, marcher, mais aussi parler, embrasser, rire ou pleurer qu'en nous servant de notre corps !

Corps et esprit : une dualité ?

Dans certaines civilisations, mais aussi dans les propos de certaines personnes, l'idée de deux entités opposées s'exprime :

d'un côté le corps, avec ses besoins, ses pulsions, le corps agité de passions ; de l'autre l'esprit, partie noble et rationnelle de l'homme, caractérisée par l'intelligence, la maîtrise de soi. On a parfois pensé que le message biblique entraînait à cette dernière conception, au mépris du corps, réduisant l'individu à son « âme », à son être spirituel. Or, tout le message biblique va à l'encontre de cette conception dualiste de l'être humain, qui est plutôt une conception des philosophes grecs. Dans l'Ancien Testament, c'est toujours de l'homme entier dont il est question, c'est cet homme total qui peut être englué, ou libéré. Le Nouveau Testament est encore plus explicite. L'être dans toutes ses dimensions est concerné : corps, âme et esprit[2]. Il y a non pas séparation corps/esprit, mais homme « ancien » ayant rejeté la relation avec Dieu et son projet d'harmonie, et homme « nouveau » qui a retrouvé ce lien.

Lorsqu'on rencontre dans les traductions le mot « chair » (qui prête à confusion dans notre vocabulaire), le mot grec employé, *sarx*, signifie l'être entier, le corps physique étant désigné par un autre mot, *soma*. Les œuvres de la chair, par exemple, dans l'épître aux Galates[3] sont aussi bien des comportements impliquant le corps que d'autres d'ordre moral ou relationnel.

Si Dieu a jugé bon de s'incarner en Jésus-Christ, c'est une preuve supplémentaire de cette valeur du corps pour lui. Et le corps n'est-il pas choisi comme métaphore de l'Église, avec une valeur donnée même aux parties du corps habituellement cachées ou méprisées[4] ? L'apôtre Paul insiste aussi sur la solidarité de tous les membres de ce corps spirituel. Cette interdépendance des différentes parties est vraie pour la totalité de l'être humain. Toute ma pratique m'a fait percevoir à quel point notre histoire vient s'exprimer dans notre être tout entier, esprit et corps.

Le corps parle

Notre façon d'être, de nous tenir, de nous habiller parle de nous ! Parfois un geste de recul, un pas en avant, un poing qui se ferme, une main qui se tend expriment, avant même que nous en ayons conscience, les affects qui nous agitent. C'est une des choses que j'ai apprises en faisant une relaxation de sens psychanalytique[5] : mon corps « sait » souvent bien avant ma tête. Cela m'a appris à l'écouter mieux !

Les symptômes sont des paroles, si on les écoute comme tels. Je sais que lorsque je me réveille avec des maux de tête, c'est que mon être entier est en train de crier « Pouce ! »

Charlotte était anorexique. Mariée assez jeune, elle n'était pas prête à assumer son corps de femme, et se refusa à tout contact la nuit de noces. Le lendemain, elle commençait à avoir des saignements. Ils ont duré 6 mois ! Il a fallu tout un long travail psychothérapique pour que son corps sexué fasse pleinement partie de son être.

Dans la vie et dans un travail psychothérapique, on voit souvent des symptômes corporels exprimer des vérités criantes, mais inconscientes jusque-là.

Corinne me fut envoyée par un oto-rhino-laryngologiste qui ne trouvait rien d'organique pouvant expliquer ses difficultés de déglutition. Lorsque je lui demandai quand avait commencé son symptôme, elle me dit (mais sans entendre le lien de sa formulation avec son symptôme) : « Mon mari m'a trompée, et ça, je ne peux pas l'avaler ! » Cela paraît magique, mais ne nous y trompons pas, ce n'est pas parce qu'un lien de sens a pu se faire que la tâche est terminée ! Il faut tout un travail pour que ce qui est en jeu dans l'histoire, dans la personnalité, soit lentement élaboré. En effet, souvent un événement récent vient en retoucher d'autres, beaucoup plus anciens, pour elle un abandon, ou plutôt un sentiment profond de n'avoir jamais compté pour son père.

Beaucoup d'expressions du langage courant reflètent une double réalité : « J'en ai plein le dos », « ça me gonfle », « ça me donne des boutons », « j'en ai mal aux tripes »… Notre être est bien un être total.

Le corps, lui aussi, a une histoire

Tout s'inscrit dans notre psychisme, mais aussi dans notre corps. Notre corps d'aujourd'hui garde trace, heureusement et malheureusement, de ce qui lui a été donné de vivre, en lien avec tous les niveaux de notre être.

On connaît maintenant le fait qu'il y a une mémoire cellulaire. Cela explique par exemple qu'une cellule puisse développer des défenses immunologiques : la rencontre avec un microbe laisse une trace qui permettra à la cellule de le reconnaître et de mobiliser les défenses adaptées lors de la prochaine rencontre ! C'est extraordinaire !

C'est vrai aussi pour l'histoire de vie. Ainsi une jeune femme, lors d'un travail psychothérapique par la relaxation, éprouvait à répétition des sensations de corps tout froid, comme enserré dans des linges. Peu à peu s'est imposée la conviction que ces sensations étaient sans doute celles du bébé abandonné qu'elle avait été dans les premiers jours de sa naissance. Les sensations de son corps sont venues représenter son histoire.

Le corps fait partie de l'identité

Une jeune fille de 20 ans disait à sa mère, tourmentée par ses premières rides : « Maman, surtout ne fais pas enlever tes rides, c'est si beau. Chaque ride est une histoire ! » Je trouve ces propos magnifiques. Il faut garder en tête que lorsqu'on touche au corps, on touche à l'identité. Cela concerne ceux qui soignent, accompagnent, et chacun d'entre nous : parfois, il faut savoir se préserver. Combien de fois suis-je ressortie de chez le coiffeur avec un sentiment de mal-être, parce que ce n'était « plus vraiment moi ». Et je me lavais les cheveux aussitôt à la maison. J'ai appris ensuite à exiger qu'on tienne compte de mon sentiment intime. Ceci n'exclut pas d'expérimenter d'autres propositions… pour voir.

Une femme, très coquette pourtant, m'expliquait qu'elle avait dû résister ferme, à l'hôpital, pour que l'esthéticienne, avec les meilleures intentions du monde, ne la farde pas massivement pour masquer son teint pâle de malade. Maquillée ainsi, elle avait le sentiment d'être un masque et non elle-même, cela compliquait encore ce qu'elle avait à vivre.

Corps et identité sont indissolublement liés.

Cultiver son corps

Un de mes amis, grand amoureux de la nature, a ouvert pour moi des réflexions que j'étendrai à la question du corps. S'appuyant sur les textes de la Genèse, il montre comment l'homme est appelé par Dieu à « cultiver » la terre. Il fait remarquer que le mot lui-même donne à ce travail une dimension spirituelle. Cultiver est une des façons de rendre un culte à Dieu. Il oppose ce mot à « exploiter » qui consiste à tirer profit au maximum... le cas échéant sans s'occuper des conséquences à long terme. Il en est de même quant aux relations que nous pouvons avoir avec notre propre corps. Nous pouvons le vivre comme un don précieux, un temple de Dieu, un sanctuaire, ainsi qu'il nous l'est dit[6], en prendre soin, le « cultiver » comme on cultive un beau jardin, avec soin et amour. Il arrive qu'on en fasse une idole, qu'on le déifie, qu'on lui soit assujetti. On peut aussi « l'exploiter ». On en voit parfois des exemples dans le domaine sportif à travers ces champions qui non seulement transgressent les lois du sport, mais également mettent leur propre corps et tout leur avenir en danger dans ce « forçage » de leurs possibilités. Même des activités banales, très positives pour le corps, comme la gymnastique, le jogging, peuvent être néfastes, si elles ne respectent pas le rythme et les limites physiques de celui qui les pratique.

Ainsi, nous pouvons être des cultivateurs ou des exploitants de la nature, mais aussi de notre propre corps. On dit que notre époque déifie le corps. Je ne crois pas que ce soit vrai : souvent, elle l'exploite.

Le plaisir fait partie du plan de Dieu. Le corps contient de nombreuses terminaisons nerveuses dont une des fonctions est d'y contribuer (la fonction de la douleur étant, d'ailleurs, non pas de « faire mal » mais d'alerter sur quelque chose qui ne va pas). Il n'est qu'à lire le Cantique des Cantiques pour s'en convaincre. L'usage de notre corps ne devrait jamais être support d'irrespect, de contrainte, que ce soit à l'égard de nous-mêmes ou dans le lien à autrui.

Nous sommes responsables de notre corps et de son usage.

Chaque jour, le corps se construit et se détruit

C'est une réalité qui peut nous aider à changer de regard sur la vieillesse.

La vie est perpétuel mouvement. Des cellules naissent et meurent en permanence. Le corps est sans cesse en train de se renouveler, du début à la fin de la vie. Certaines cellules n'ont d'utilité qu'un temps, se développent et puis meurent. Certaines s'amenuisent avec l'âge, mais d'autres pourraient durer bien au-delà du temps de notre vie. Nous sommes parfois émerveillés des possibilités de régénérescence. Notre fille, après l'accident qui avait nécessité, étant donné les lésions, l'ablation d'un tiers du foie, a vu celui-ci se reconstituer en cinq mois, au point que le radiologue qui l'a examinée à ce moment-là n'a cru ce qu'elle lui disait qu'une fois le compte rendu opératoire sous les yeux !

Jusqu'à très récemment, on pensait que les neurones ne se régénéraient jamais, et que donc une lésion neurologique était sans retour. On est en train de découvrir qu'une restauration partielle peut être possible dans certaines conditions. Chez un fumeur, d'après les recherches actuelles, les cellules pulmonaires peuvent retrouver leur efficience… mais au bout de 7 ans d'abstinence !

Certes, le vieillissement comporte des limitations et des pertes, mais n'est pas une inexorable dégradation vers la déchéance et l'état grabataire. Nous pouvons être acteurs, et non objets passifs d'une évolution sans appel.

Se servir de son corps, un moyen de le cultiver

Dans ma jeunesse, une publicité disait : « La pile Wonder ne s'use que si l'on s'en sert ». Le Dr Guillet, généraliste, membre d'une équipe de soins de gérontologie dont je reparlerai, utilise une autre expression frappante : « Le corps s'use si l'on ne s'en sert pas[7] » ! C'est vrai.

Chez le bébé, les potentialités psychiques mais aussi physiques ne se développent que si elles sont sollicitées, et une zone non utilisée peut subir une involution, s'étioler. C'est très évident par rapport au développement psychomoteur dans la petite enfance. Même chez une personne jeune les muscles s'atrophient si un membre est immobilisé pendant un certain temps. Mais ils reprennent de la vigueur dès qu'ils sont à nouveau sollicités.

Annette a 70 ans. Un petit accident vasculaire l'a arrêtée quelque temps. Son mari, serviable et gentil, l'entoure et prend tout en charge. Son entourage prévient tout geste potentiellement dangereux. L'ordonnance d'intervention d'un kinésithérapeute est tout simplement ignorée : à quoi cela servirait-il ? Au bout de quelques mois, bien qu'elle ait en bonne partie « récupéré », Annette ne sort toujours pas de chez elle, fait à peine quelques pas. Son mari continue à prendre tout en main. Avec la complicité affectueuse des siens, là où pouvait exister une reprise de vie de bonne qualité, s'est installé un état déficitaire qui a de fortes chances de devenir permanent.

Ménopause et andropause

Les femmes redoutent de voir arriver ce moment, elles en ont tellement entendu parler, avec force détails sur son cortège de maux : la prise de poids, les bouffées de chaleur, les rides, les poils, l'ostéoporose, la perte du désir…

C'est une étape, certes : c'est la fin du cycle menstruel qui a rythmé toute la vie adulte, et manifestait la possibilité de procréer. Mais il n'est nulle obligation que tous ces symptômes se manifestent, ni surtout qu'ils ne trouvent pas de solution. Beaucoup de femmes traversent ce cap sans symptômes trop envahissants. Dans d'autres cas, il est nécessaire de prescrire un traitement approprié. Mais bien des maux sont en lien avec des questions sous-jacentes : qui suis-je, maintenant que je ne peux plus procréer ? Puis-je encore plaire, éprouver du plaisir ? La ménopause ne marque ni l'arrêt du désir, ni de la sexualité, ni du plaisir. Mais les clichés ont la vie dure.

Les hommes conservent beaucoup plus tardivement leurs capacités de procréation, et leurs hormones subissent un remaniement beaucoup moins sensible, plus progressif. Mais l'érection est peu à peu de moins bonne qualité. La grande question de beaucoup d'hommes tourne autour de leur virilité. Ils ont peur de l'échec, ce qui n'arrange rien. Certains placent dans ce domaine leur identité tout entière. S'ils sont plus ou moins impuissants, ils ne sont « plus rien ». Ils sont convaincus que leur conjoint ou leur partenaire va les juger en fonction de cela. C'est ce qui fait le succès du « viagra » et autres produits similaires. Ils se trompent : les femmes aspirent souvent à plus de tendresse, et non à des performances !

« Avoir la prostate » est pour certains une angoisse qui les fait s'affoler au moindre trouble de miction. Comme pour les maux de la ménopause, il faut ramener les choses à leur juste valeur.

Je crois qu'il ne faut jamais hésiter à parler de ces questions, car elles sont le support de bien des symptômes somatiques ou psychiques.

Pour l'homme aussi, la qualité des liens peut permettre de partager, et non plus de prouver ! L'être humain est fait pour partager toutes ses richesses, et ne se réduit pas au corps. Mais il est bon de cultiver, d'entretenir la rencontre des corps, dans la compréhension et le respect, et même très tardivement dans l'existence. Cela n'a rien de choquant.

Accepter les pertes, mais rester acteur

Les pertes sensorielles et motrices, au cours du vieillissement, vont toucher de nombreux domaines : la peau, les oreilles, les yeux, les dents, la marche, l'équilibre. On peut ressentir que « le corps vous lâche », qu'on ne peut plus lui faire confiance. Ces pertes vont toucher des fonctions différentes pour chacun, et à des âges très divers. Le handicap qui va s'ensuivre pourra être presque inexistant (car on a beaucoup de possibilités aujourd'hui de pallier le déficit ou d'en ralentir le cours) ou bien majeur, non pas parce que le problème était plus grave au départ, mais parce que l'abord du problème par la personne n'a pas été du tout le même. Par ailleurs, des maladies intercurrentes peuvent venir en compliquer l'évolution.

La surdité est une question que je connais de plusieurs manières. Sophie était venue me consulter pour état dépressif. Atteinte d'un certain degré de surdité, elle s'était enfermée dans ce symptôme. Il était devenu pour elle le support de tout un repli relationnel. Estimant qu'elle aurait honte de porter un appareil, elle l'avait refusé. Plus tard, l'ayant enfin accepté, elle était hantée par l'idée que tout le monde le voyait. Son isolement allait augmentant de mois en mois. Nous avons beaucoup travaillé pour qu'elle puisse sortir de ce tunnel, qu'elle avait, pour une bonne part, contribué à construire.

J'ai moi-même hérité de ma lignée maternelle une otospongiose des deux oreilles, non opérable, car elle touche un organe essentiel, la cochlée. J'ai été appareillée à 45 ans, en raison de ma profession qui impliquait une audition parfaite. De nombreuses personnes qui m'ont côtoyée régulièrement ne s'étaient jamais rendu compte ni de mes contours d'oreille, ni pour certains de ma baisse auditive, laquelle pourtant me gêne parfois lorsque je suis dans un groupe.

La surdité peut avoir beaucoup de répercussions, car elle amène les personnes à s'isoler de plus en plus. Ce repli peut favoriser une accélération du vieillissement.

Quelqu'un que je connais bien, qui refuse de se faire appareiller, me cite souvent le commandement : « Tu ne maudiras pas un sourd et tu ne mettras devant un aveugle aucun obstacle qui puisse le faire trébucher[8] ». Il l'utilise pour penser que celui qui doit être acteur, c'est l'autre ! Certes, il est important de ne pas accentuer par nos attitudes la difficulté d'autrui. Mais il est important d'être acteur soi-même, face à une déficience, et d'utiliser les nombreuses aides palliatives (appareillages, livres enregistrés, casques pour la télévision...) sans faire trop porter à l'entourage des charges qui pourraient être évitées.

La cataracte s'opère couramment. Ce qui, il y a encore cinquante ans, plaçait devant un avenir de cécité presque complète n'a plus ce pronostic. On est opéré sous anesthésie locale et on sort le jour même ! Les décollements de rétine ont vu leur avenir transformé par les rayons laser. On peut rencontrer des symptômes visuels plus graves mais ils ne sont pas les conséquences du seul vieillissement.

Les bouches édentées des vieux de notre enfance ont en bonne partie disparu, remplacées par des appareils dentaires de plus en plus confortables.

Cependant, appareils auditifs et prothèses dentaires restent un luxe. Ils sont presque inabordables pour des budgets modestes. C'est vraiment aberrant, tant au niveau de l'égalité des chances et de la solidarité qu'au niveau des dépenses de santé elles-mêmes. En effet, grandes sont les répercussions sur la santé de dents en mauvais état : mauvaise digestion, alimentation déficiente, surinfections... ou pour la surdité : isolement, dépression. Or, la Sécurité Sociale va payer sans sourciller les conséquences diverses (souvent très coûteuses), mais ne prend pas en charge, au bon moment, ce qui aurait pu les éviter !

La peau a besoin que l'on prenne soin d'elle. Elle devient plus sèche. C'est vrai aussi pour les muqueuses. Ces effets du vieillissement peuvent être en très grande partie soulagés par des prescriptions adaptées. Au niveau esthétique, beaucoup de choses sont proposées. Il ne faut jamais se précipiter pour se faire refaire les seins, le visage. Il ne faut pas oublier que cela touche à l'identité profonde. Chacun doit réfléchir pour lui-même, peser et mûrir la question. Personnellement, je ne suis pas convaincue qu'essayer de rétablir l'apparence du corps « comme si » les années ne l'avaient pas marquée soit la solution la meilleure. Un beau visage ridé est à mes yeux d'une valeur unique. Il en est de même pour les cheveux blancs.

Quoi qu'il en soit, je crois que chaque décision doit être prise par la personne elle-même, au moment où cela a sens pour elle, et non sur l'avis de professionnels, ou même de l'entourage (conjoint ou enfants).

Je voudrais dire quelques mots de la motricité. L'âge entraîne une usure. Certaines articulations peuvent devenir douloureuses, ou même déficitaires. Sur ce plan-là aussi, les progrès techniques ont été immenses. Je me souviens d'une dame de 80 ans, qui avait toujours habité une maison familiale en pleine campagne. Elle a refait avec nous le tour du propriétaire, franchissant fossés et monticules avec un plaisir retrouvé après avoir eu une prothèse de hanche ! Elle a vécu encore une bonne dizaine d'années de mobilité tout à fait convenable, seule dans sa propriété.

Bien sûr, à un certain seuil de vieillesse, les pas deviennent plus incertains. L'équilibre étant moins bon, la peur de tomber s'installe, surtout s'il y a déjà eu une chute. Monter les escaliers devient une épreuve, se relever seul si l'on est à terre est souvent impossible. Cependant, si l'on ne veut pas accentuer le processus, il faut maintenir toute l'autonomie possible, et accompagner plutôt que se substituer à la personne. Des aménagements spéciaux peuvent rendre la vie autonome réalisable encore quelques années. La sécurité que donne un service d'alarme téléphonique permet bien des maintiens à domicile impossibles autrement (ou trop angoissants pour la famille) à condition, bien sûr, que l'état psychique de la personne le permette.

La dépendance totale n'est pas une évolution inéluctable. Mais certains épisodes intercurrents peuvent nécessiter des hospitalisations, ou une aide temporaire.

Les facultés intellectuelles peuvent rester de très bonne qualité jusqu'à la fin de la vie. Les personnes âgées peuvent continuer à acquérir des connaissances, même si les capacités de mémorisation diminuent souvent, et même si la personne qui vieillit a du mal à trouver le mot juste, qui s'échappe malicieusement dès qu'on le cherche ! Dans ce domaine, il n'y a pas de prothèse ! Mais on peut cultiver et améliorer ses possibilités. Le scrabble, les mots croisés et bien d'autres choses contribuent au maintien des fonctions !

La durée de sommeil tend à diminuer au fil de l'avancée en âge, et, dans le grand âge, la somnolence diurne s'installe. Mais là aussi, on peut aborder ces faits activement ! Une personne âgée me disait : « La nuit, lorsque je ne dors pas, je lis, je pense à chacun, je prie. Et quand revient le sommeil, je l'accueille avec joie. À quoi servirait-il que je m'énerve ? Alors, ce temps, je l'utilise ! »

La somnolence diurne, sauf dans le très grand âge, ne reflète-t-elle pas plutôt autre chose : le manque d'intérêts qui a gagné la vie ?

Une prévention ?

Beaucoup d'études actuelles sur le vieillissement parlent de l'effet préventif des antioxydants. Ils sont maintenant très régulièrement prescrits. Mais il faut savoir que ces molécules peuvent être déjà très présentes dans une alimentation équilibrée en fruits et légumes.

Le traitement le plus efficace de l'ostéoporose et par conséquent la prévention des fractures, c'est l'exercice physique.

On peut prévenir. On connaît très bien les ennemis de la bonne santé au temps de la vieillesse. Ils sont des ennemis de longue date, pour certains dès le jeune âge : surpoids, surnutrition, manque d'exercice, excès de tabac, d'alcool, mais aussi manque de lien social, d'activités diversifiées. Tout entre en jeu, les facteurs s'entremêlent les uns aux autres. La prévention nécessite non seulement une information, mais aussi une véritable éducation, dès l'enfance. Cela demande également un effort persévérant, contraignant surtout lorsque aucune habitude préalable ne vient le soutenir.

Appliquons-nous donc, tout au long de la vie, à « cultiver » notre corps, cette création si merveilleuse que nous « maltraitons » si souvent !

6

Penser la mort, dès l'enfance

• Comment se construit l'idée de la mort ? • Protéger l'enfant ? • Accompagner • Une parole de vérité • Les non-dits concernant la mort • Une épreuve parlée • Comment préparer à la mort ? • Il faut respecter la place unique de celui qui est mort • La mort n'est pas l'antivie : vie et mort coexistent et s'entremêlent • Que dit la Bible de la mort ? • La mort n'est pas le projet de Dieu • Dieu est le maître de la vie et de la mort • Vivants par Jésus-Christ • Un jour, la mort ne sera plus • Dieu est présent dans ce passage • Mais l'espérance chrétienne ne doit pas être un déni de la mort, ni de la souffrance de la séparation • Le suicide, comme option philosophique

Un jour, je proposai à une de mes petites-filles, 4 ans et demi, de m'accompagner faire une course. Elle acquiesça, puis, en chemin, me dit d'un ton très sérieux : « Je viens avec toi, parce que, tu comprends, comme tu es très, très, très vieille et que tu vas bientôt mourir, je veux avoir profité de toi avant. » Propos un peu raides à recevoir, mais d'une telle sagesse ! Je ne pus m'empêcher de lui dire que j'espérais qu'on aurait quand même un peu de temps pour profiter l'une de l'autre, mais qu'elle avait vraiment raison : c'est lorsqu'on est vivant qu'il faut profiter du plaisir d'être ensemble ! La mort des grands-parents est moins inquiétante pour l'enfant que celle de ses parents. Il est donc plus facile de l'imaginer ou d'en parler.

Comment se construit l'idée de la mort ?

Longtemps, on a imaginé qu'il fallait tenir l'enfant à l'écart de la mort, le protéger de cette réalité, la lui cacher. C'est une illusion, qui, de plus, fait grand tort à l'enfant, car elle le laisse seul pour affronter la question. Non, l'enfant n'est pas l'ignorant que l'on croit. La mort, il en a très tôt une certaine conscience, qui ne prend vraiment forme que peu à peu.

Pour le tout-petit, l'absence est vécue comme disparition. C'est progressivement qu'il intègre départ et retour. Très tôt, ses jeux en témoignent.

Freud, observant son petit-fils alors âgé de 18 mois, s'aperçut que, lors d'une absence de sa mère, il répétait inlassablement un jeu qui apparemment était très important pour lui. Ce jeu est resté dans les annales comme prototype d'un temps de la structuration de l'être humain. C'est le célèbre jeu du Fort-Da, appelé également jeu de la bobine. On avait donné à l'enfant, pour qu'il s'amuse, une bobine de fil vide attachée à une ficelle. Ce jour-là, avec concentration, le petit s'était amusé à l'envoyer au loin, à la faire disparaître de sa vue, pour la ramener ensuite avec jubilation, tout en scandant, en langue allemande : Fort (loin), da (ici) [1]. Le génie de Freud fut de rattacher ce spectacle anodin à un processus très important : une prise de conscience et une première maîtrise de la présence et de l'absence. Le même processus est au travail dans ces jeux que nous avons tous fait avec les tout-petits : « Oh, il est parti ! » ... « Coucou, ah, le revoilà !! »

« Tu ferais le mort »... me dit ma fille alors âgée de 4 ans. Faire le mort, c'est rester parfaitement immobile. Les enfants aiment jouer à cela. Mais il ne faut pas que ça dure! La vie, c'est le mouvement; l'immobilité, c'est la mort. Même pour jouer, pour faire semblant, l'immobilité effraie très vite le petit enfant, surtout s'il y a aussi absence de regard et de parole. Pour lui, c'est la rupture relationnelle, et c'est ce qui lui fait le plus peur au monde: «Maman, arrête, réponds-moi !»

Certains enfants, confrontés à un âge précoce à une angoisse de disparition d'eux-mêmes ou de leur premier entourage, présentent une hyperactivité permanente : toujours en mouvement, ils luttent ainsi contre l'angoisse de la mort, assimilée à l'immobilité.

D'autres notions sont plus tardives :

- La mort est irréversible (on ne revient pas de la mort),
- Elle est le terme final de la vie humaine (l'enfant attribue d'abord la mort seulement à des causes accidentelles... s'il n'y avait pas eu ça, on aurait pu vivre éternellement),
- Elle est universelle (tout humain va mourir un jour).

Ces notions ne sont acquises que vers 8 ans ou plus. Mais bien des adultes n'ont pas non plus intégré, ou, tout au moins, pas vraiment accepté ces réalités!!

Quelle place donner à l'espérance chrétienne, sans être dans le déni de la mort? Nous en parlerons un peu plus loin.

L'acquisition de toutes ces notions dépend de la maturation de l'enfant, mais aussi énormément des discours et des attitudes profondes de l'entourage, face à la mort et face à l'enfant.

Protéger l'enfant?

Gaston avait 7 ans quand sa maman mourut. Son père, croyant bien faire, l'envoya chez une tante. On lui dit que sa maman était partie. Longtemps, Gaston avait attendu son retour, se torturant à la pensée que c'était peut-être parce qu'il avait été trop méchant que sa mère n'était pas revenue... Drôle de protection, en fin de compte! La réalité est dure, mais, accompagnée, elle est moins perturbante. N'est-ce pas eux-mêmes que les adultes protègent ? L'irruption réelle de la mort dans la vie d'un enfant provoque une maturité prématurée. Ainsi en témoignent certains propos : « On est mort, c'est tout » (petite fille de 6 ans), « Ma mère est morte, elle ne reviendra plus » (enfant de 4 ans). La réalité est dure, mais n'entraîne pas forcément de trouble persistant, si les adultes peuvent procurer écoute et sécurité, s'ils peuvent entendre questions et révolte : « Maman n'avait pas le droit de nous faire ça » (une fillette de 8 ans).

Je voudrais enlever, si elle persiste encore, l'illusion que l'enfant peut ne rien en savoir, alors que la mort est là. Tout d'un coup quelqu'un disparaît du quotidien de l'enfant. Où est-il passé ? Va-t-il revenir ? Pourquoi ne revient-il pas? Tout son entourage est bouleversé, va mal. Les enfants, tout comme les animaux familiers, ont une intuition particulièrement aiguë de ces mouvements émotionnels autour d'eux. Ils sentent très bien qu'il se passe quelque chose de grave, mais si on ne leur dit rien, ils ne savent pas quoi, c'est encore plus inquiétant. Ils peuvent construire une image terrifiante de la mort... puisque c'est si horrible qu'on ne peut même pas en parler.

Notre dernière fille avait six ans lorsque sa sœur a été victime du grave accident de voiture qui l'a mise entre la vie et la mort pendant près d'un mois. Bien sûr, nous avions parlé de l'accident, mais pas davantage. Notre fille se montrait de plus en plus exigeante, insupportable, s'énervait : « Maman, tu ne m'écoutes pas, c'est la troisième fois que je te dis la même chose ». Je lui ai alors expliqué l'état de sa sœur, et le fait qu'une partie de ma tête était constamment auprès d'elle, qui était en danger de mort. Alors tout a changé. Elle me demandait des nouvelles, se montrait très prévenante envers moi, me donnait des dessins pour sa sœur. J'ai prié avec elle pour la guérison. Lorsque notre fille accidentée est sortie de réanimation, la petite a absolument voulu aller la voir sans délai. Le premier jour, impressionnée par tous les tuyaux et les machines, elle n'osait pas faire un geste. Le surlendemain, elle grimpait sur le lit sans aucune retenue !

Accompagner

C'est de l'élaboration des premières expériences de perte que va dépendre la capacité ultérieure de l'individu à gérer les pertes de l'existence, à être capable de réussir les processus de deuil, expériences inévitables de la vie. Il faut parler et accompagner les « petites pertes », en particulier toutes les premières séparations de la vie quotidienne. Il est primordial d'avoir une parole vraie, de ne pas partir en catimini en croyant ainsi éviter les pleurs : on engendre une insécurité bien plus grande, et on sape la confiance de l'enfant, qui ne peut plus faire crédit à la parole de l'adulte, ce qui est lourd de conséquences. Il n'est pas possible d'éliminer frustration, déception et souffrance de la vie d'un enfant, mais il est possible d'accompagner ces moments difficiles.

La représentation que chacun a de la mort se construit très tôt, même si, comme pour toute construction psychique, elle peut se remanier par la suite, au travers de rencontres, de lectures, d'expériences vécues concrètement ou dans la vie spirituelle.

Par la suite, enfants et adultes ont bien des points communs. Face à la mort, chacun réagit comme il peut, et passe par des phases différentes : ainsi l'on pourra voir cris, pleurs, révolte... mais aussi déni : « Ce n'est pas vrai », ou encore silence, apparente indifférence, culpabilité, blocage de tout sentiment, troubles somatiques... Toutes ces réactions sont des mécanismes de défense nécessaires, mais elles doivent peu à peu laisser place au processus d'élaboration du deuil. Il faut accompagner ces réactions et les comprendre, car un enfant peut se sentir dramatiquement sans cœur s'il ne pleure pas son père ou sa mère, de même qu'un adulte s'il reste sans larmes à la mort d'un grand ami, d'un parent ou d'un conjoint. Il faut expliquer à la personne, quel que soit son âge, qu'elle a ces réactions parce que, pour le moment, tout est « coincé » en elle... Ces propos, souvent, lui permettent de se relâcher et de pleurer enfin. Les sentiments envers le mort peuvent être très ambivalents. L'enfant ou l'adulte peut ressentir qu'il est à la fois triste mais, aussi, peut-être pas si mécontent que ça. De tels ressentis sont bien encombrants. Il faut en parler, dédramatiser.

Il est donc important de dire ce qui arrive, mais surtout de l'accompagner.

Une parole de vérité

Chacun, face à sa propre mort, a droit à la vérité, même les enfants. Cela signifie-t-il qu'il faut asséner la vérité à tout prix ? Je crois qu'il faut toujours répondre, en respectant le rythme de la personne, ce qu'elle est en mesure d'assimiler. Il faut lui laisser le temps de demander et d'apprivoiser la réalité, ne pas imposer. L'être humain est complexe, contradictoire : on peut savoir et en même temps nier. Ceux qui travaillent avec des enfants qui vont mourir ou sont en danger de mort le disent tous : l'enfant, le plus souvent, sait, même très jeune, même bébé. Mais l'enfant se sacrifiera pour protéger son entourage et sa relation avec lui. S'il perçoit que son entourage est incapable d'entendre, il se taira. Il restera alors seul avec ses questions, ses peurs. Il gardera tout pour lui. Un médecin qui travaille avec les enfants cancéreux disait, lors d'une conférence, que les soignants redoutent tous l'agonie des enfants à qui l'on a refusé de parler de leur mort. C'est comme un cauchemar infini : tous ces non-dits, ces impossibles à dire, se transforment en souffrance absolue, celle de la rupture de relation. En l'entendant, je m'étais dit que le Christ en croix était allé jusqu'à partager cette souffrance-là.

Ce qui est le plus important pour un enfant, c'est de savoir qu'il a et qu'il aura toujours l'amour de ses parents, qu'il a et qu'il aura toujours sa place, au-delà de la maladie, au-delà de la mort: «Vous serez tristes quand je serai mort, je vous manquerai» disait un enfant cancéreux de 10 ans. Bien sûr!

L'évangile ne donne-t-il pas cette assurance de la part de Dieu? Chacun compte pour lui, quel qu'il soit. Chacun devrait toujours, et quels que soient son statut et son état, avoir sa place et sa valeur dans le monde des humains. Nous retrouverons cela au temps de la vieillesse.

Les non-dits concernant la mort

Ces non-dits sont toujours extrêmement graves dans leurs répercussions.

Nicolas avait 3 ans lorsque mourut son grand-père qu'il adorait. Pour des raisons pathologiques, sa mère ne put affronter le deuil. La chambre fut murée, et le nom du grand-père plus jamais prononcé. Nicolas demanda, puis ne demanda plus. Il régressa massivement, et lorsque je le rencontrai quelques années plus tard, il était devenu psychotique. L'un de ses symptômes consistait à ouvrir et refermer sans discontinuer toutes les portes qu'il rencontrait!

Dans de nombreuses pathologies psychiques graves, on retrouve des non-dits majeurs des générations antérieures, souvent des morts déniées, des morts dont la présence est perceptible partout, mais dont on ne parle jamais.

Tout deuil non élaboré lors d'une génération va se transmettre aux générations suivantes, et s'y manifestera le plus souvent sous forme de symptômes. Lucie est une adorable petite fille de 8 ans. Seul point noir: Lucie a de graves difficultés d'apprentissage. Ses parents se demandent si elle n'est pas débile légère. Or, à notre première consultation, Lucie écoute, puis tout à coup me demande: « Sur votre mur, c'est un tableau en pâte à sel?» Ce n'est pas la réflexion d'une enfant limitée intellectuellement. Le bilan psychologique demandé le confirmera: les potentialités sont présentes mais bloquées. Tout se libérera après un travail avec l'enfant et ses parents, autour de deuils qui n'avaient pu être élaborés. En effet, comment apprendre, si par là même on risque de connaître ce que l'entourage cherche à ne plus savoir ?

Une épreuve parlée

Accompagnée, l'épreuve peut se révéler au contraire extrêmement constructive : j'avais 5 ans lorsque je tombai gravement malade, il s'agissait d'une pleurésie purulente. Notre médecin de famille, ami de mes parents durant la Résistance, décida qu'il essaierait de ne pas m'hospitaliser. J'eus donc plusieurs ponctions pleurales à domicile. Ce qui aurait pu être un traumatisme pour moi a été à l'origine de ma vocation médicale, et sans doute aussi, avec d'autres choses, de mon choix d'être psychiatre… un médecin de la parole. J'en ai gardé un souvenir extrêmement précis. Le Dr Meynadier m'assit au bord du lit de mes parents, et demanda à ma mère de se tenir à l'écart, dans un coin de la pièce. Il affirma que nous allions nous « débrouiller » tous les deux. Il me dit que j'étais gravement malade, que je ne pouvais pas respirer (cela, je le savais !) parce que j'avais beaucoup de pus autour du poumon. Il m'expliqua qu'il fallait le faire sortir, et qu'il allait ponctionner avec une aiguille. Il fallait que celle-ci soit assez longue pour passer de l'autre côté, et assez grosse pour que sorte le pus épais. Cela me paraissait logique, mais j'étais tout de même inquiète ! Je lui demandai s'il allait traverser mes côtes ! Patiemment, il m'expliqua que l'on pouvait passer entre, et me fit toucher l'espace intercostal, pour que je le sente bien.

–Et ça fait mal ? lui demandai-je.

–Oui, me dit-il.

–Mal comment ?

–Comme quand tu tombes et que tu te fais quand même vraiment mal » (je connaissais bien car j'étais plutôt du genre casse-cou)

–Alors, ça va !

Je ne me souviens ni de peur, ni de mal, seulement de la grande confiance et de l'adoration que j'avais pour cet homme. Je lui sautais au cou lorsque je le rencontrais dans la rue ! À partir de ce jour-là, j'ai affirmé : « Moi aussi je serai un docteur ». Et les années n'ont pas modifié le choix de mes 5 ans. Je lui dois beaucoup. Lorsque beaucoup plus tard j'en ai reparlé avec ma mère, elle a confirmé le souvenir que j'en avais.

Comment préparer à la mort ?

Ma réponse la plus immédiate est simple : en ayant intégré soi-même la mort, en en parlant au fil des circonstances de la vie. Alors, on pourra saisir les occasions qui permettent d'en parler, bien avant qu'elle ne se présente. Les enfants sauront qu'ils peuvent questionner, dialoguer. Ils l'apprivoiseront à travers leurs jeux, l'enterrement de la fleur, du petit oiseau mort...

Et lorsque la mort est là, dans sa réalité cruelle, il est important de laisser les enfants participer au deuil familial, sans rien forcer ni rien empêcher, quel que soit leur âge. Autant que cela est possible, il faut permettre qu'il y ait un « au revoir », ou plutôt un « adieu ». Se quitter avec des mots est difficile, mais tellement beau !

Les rites, la peine partagée sont d'une grande aide : il faut oser pleurer ensemble, au lieu de se cacher. Pleurer n'empêche pas d'être un parent présent et responsable !

Il faut respecter la place unique de celui qui est mort

On ne doit en aucun cas essayer de le remplacer, ni par des objets, ni par quelqu'un d'autre. Il est important aussi d'aider à l'intérioriser : « Tu l'auras pour toujours dans ton cœur, dans tes souvenirs ».

C'est parfois par la reconnaissance de la place irremplaçable d'un mort qu'une vraie relation peut se nouer. Bien souvent, Cathy m'a parlé de son jeune beau-fils. Malgré son extrême gentillesse, sa présence pleine de tact, elle n'arrivait pas à apprivoiser ce petit être gravement blessé par la perte prématurée de sa maman. Un jour de fête des mères, le papa étant absent, elle lui proposa de l'accompagner sur la tombe de sa maman. Au retour, il lui dit : « Je t'ai trouvé un petit nom : tu seras ma Mamette ». Assuré que la place de sa maman était bien reconnue, il pouvait enfin s'autoriser à l'aimer.

Parler des morts permet de les connaître, de se situer dans la lignée, et de donner à la mort son statut de limite, mais non de destruction de l'être. Et c'est sans doute aussi cette assurance qui permet, au terme de la vieillesse, un bien-mourir.

La mort n'est pas l'anti-vie : vie et mort coexistent et s'entremêlent

Dans la nature, mort et renaissance se retrouvent dans chaque cycle de saisons. Dans l'existence, vie et mort tissent chacune de nos vies. Ma grand-mère paternelle est morte deux heures avant le mariage de ma petite sœur. J'ai beaucoup admiré mon père ce jour-là, d'autant plus qu'il était très attaché à sa mère. Elle est morte d'une crise cardiaque, en se préparant pour la cérémonie. Mon père est parti seul dans les vignes, pendant une heure, puis il a pu être pleinement présent au mariage qui se déroulait. Il avait décidé de ne rien dire du décès avant une heure avancée de la soirée, jusqu'au moment où les proches qui pouvaient être concernés par l'ensevelissement risqueraient de partir. Il a alors prévenu les mariés, puis fait une annonce à tous, dont je me souviens encore. Il a dit le décès, en précisant que sa mère s'était beaucoup réjouie de partager ce moment de fête, et que la peine ne devait pas empêcher le bonheur de ce jour, qu'il y avait place pour la joie et pour la tristesse, que la vie ne devait pas être effacée par la mort, d'autant plus que sa foi en Dieu lui donnait la confiance que la mort n'aurait pas le mot final. Pour lui, joie et peine ne s'excluaient pas. Il m'a beaucoup appris.

La plupart des civilisations ont pensé que la mort physique

n'était pas la fin de l'être. En Égypte, près des pyramides, on a retrouvé le bateau destiné à conduire le pharaon sur l'autre rive. La mythologie grecque figure la traversée vers l'au-delà sous cette forme aussi. Et cette métaphore est restée dans le langage courant pour parler de la mort. Certaines religions croient en la réincarnation, façon pour l'humain de recevoir le châtiment de ses actes, de se purifier, ou de se racheter au travers de ces différentes tranches de vie, sous des formes diverses.

Que dit la Bible de la mort[2] ?

Je n'ai pas la compétence pour en parler en théologienne. Je ne dirai donc que l'essentiel de ce que j'en ai compris.

Dans une perspective chrétienne, la mort physique n'est pas la plus importante. Une autre réalité prime : être vivant, c'est être en relation avec le Dieu Vivant, qui est à l'origine de toute vie. Être mort, c'est être coupé de cette relation. Le « péché », ratage fondamental qui touche tous les humains, a pour origine cette perte du lien avec Dieu. Il entraîne la transgression des lois d'harmonie de Dieu, le désordre, et aboutit à la mort. « Le salaire du péché, c'est la mort[3] ».

La mort n'est pas le projet de Dieu

C'est le sens même de la venue de Jésus-Christ. La suite du verset précédemment cité est explicite : « mais le don de la grâce, le don de Dieu, c'est la vie éternelle en Jésus-Christ, notre Seigneur ». Dieu ne prend pas plaisir à la perte des vivants. Déjà dans l'Ancien Testament, il est clairement affirmé qu'il espère leur retour dans la relation avec lui : « J'ai mis devant toi la vie et la mort, la bénédiction et la malédiction. Choisis la vie, afin que tu vives, toi et la descendance, en aimant le Seigneur, ton Dieu, en l'écoutant et en t'attachant à lui : c'est lui qui est ta vie[4] ». Mais Dieu n'a pas voulu un robot, il a laissé l'homme libre de partir. Les paroles du père dans le magnifique texte de la parabole du fils « retrouvé » (souvent nommé fils prodigue) en sont une démonstration encore plus éclatante : « Mangeons, faisons la fête, car mon fils que voici était mort, et il a repris vie ; il était perdu, et il a été retrouvé[5] ! ». Et, poursuit le texte, « ils commencèrent à faire la fête ».

Une autre métaphore revient sous de nombreuses formes : la lumière (Jésus-Christ) s'oppose au monde des ténèbres. Être séparé de Dieu, c'est être dans la nuit. S'ouvrir à lui, c'est être dans la lumière.

Dieu est le maître de la vie et de la mort

Il est l'alpha et l'oméga ! C'est son souffle qui donne vie. Avant ce souffle fertilisant, l'homme n'est que matière inanimée. L'homme, créature tirée de la poussière, retournera à la poussière.

L'homme n'est pas le maître de la vie et de la mort. Une position comme celle de Camus n'est qu'évitement de cette réalité : même si par le suicide on « choisit » sa mort, on n'échappe pas pour autant à l'inéluctable de la mort, à la condition d'humain mortel. Nous reviendrons sur la question du suicide en fin de ce chapitre et dans des chapitres ultérieurs.

La mort sera suivie du jugement, et pour ceux qui refusent de retrouver la relation avec Dieu en Jésus-Christ, la mort physique sera suivie d'un état de séparation définitive appelé dans l'Apocalypse « la seconde mort ».

La séparation est radicale entre vivants et morts : il n'y a plus de communication possible. Cela est clair dans la parabole du riche et de Lazare[6].

Vivants par Jésus-Christ

Tout l'évangile nous parle de l'amour de Dieu, qui accueille tout homme qui se tourne vers lui, en réalisant que la croix de Jésus-Christ le libère de sa condition d'homme pécheur. « Car Dieu a tant aimé le monde qu'il a donné son Fils unique, pour que quiconque met sa foi en lui ne se perde pas, mais ait la vie éternelle. Dieu, en effet, n'a pas envoyé son Fils dans le monde pour juger le monde, mais pour que par lui le monde soit sauvé. Celui qui met sa foi en lui n'est pas jugé ; mais celui qui ne croit pas est déjà jugé, parce qu'il n'a pas mis sa foi dans le nom du Fils unique de Dieu. Et voici le jugement : la lumière est venue dans le monde, et les humains ont aimé les ténèbres plus que la lumière, parce que leurs œuvres étaient mauvaises[7]. » La justice de Dieu est exigeante, mais son amour attend celui qui s'est éloigné. Cependant, mauvaises herbes et bon grain doivent être séparés, et foi et œuvres doivent aller de pair. Jésus l'avait enseigné : « Ce ne sont pas tous ceux qui me disent : " Seigneur ! Seigneur ! " qui entreront dans le royaume des cieux, mais celui-là seul qui fait la volonté de mon Père qui est dans les cieux[8]. ».

Un jour, la mort ne sera plus

La vie éternelle que promet la bonne nouvelle de l'évangile n'empêche pas que chaque humain, croyant ou incroyant, passe par la mort physique. Même Jésus-Christ est passé par là, il est descendu au séjour des morts, avant sa résurrection finale.

Mais l'évangile affirme qu'un jour la mort sera vaincue. C'est l'espérance chrétienne de la résurrection des morts, qui est en lien direct avec l'affirmation de la résurrection de Jésus-Christ. L'apôtre Paul a été très précis sur ce point : « Or si l'on proclame que Jésus-Christ s'est réveillé d'entre les morts, comment quelques-uns d'entre vous peuvent-ils dire qu'il n'y a pas de résurrection des morts ? », « Et si le Christ ne s'est pas réveillé, alors notre proclamation est inutile, et votre foi aussi est inutile. », « Mais le Christ s'est bel et bien réveillé d'entre les morts : il est les prémices de ceux qui se sont endormis[9] ».

Il répond aussi à la question de quelques-uns : dans quel corps ressuscitera-t-on ? Il l'explique par la métaphore du grain de blé, et affirme que cette question appartient à Dieu.

Paul précise que le dernier ennemi qui sera vaincu, c'est la mort[10]. La résurrection du Christ en est le signe précurseur. Un de mes proches m'a fait part de réflexions qui interpellent : si la mort est l'ennemi par excellence, alors il ne faut pas pactiser avec elle (suicide, crime, ou même guerre).

Dieu est présent dans ce passage

Le psalmiste l'affirme : « Même si je marche dans la vallée de l'ombre de la mort, je ne crains aucun mal, car tu es avec moi[11] ». Et l'apôtre Paul va plus loin encore : « Car je suis persuadé que ni mort, ni vie, ni anges, ni principats, ni présent, ni avenir, ni puissances, ni hauteur, ni profondeur, ni aucune autre création ne pourra nous séparer de l'amour de Dieu en Jésus-Christ, notre Seigneur[12]. » Ces propos rappellent que la vie avec Dieu n'est pas seulement pour après la mort, elle est déjà pour le présent.

Cette conviction de la vie renouvelée par Christ qui commence ici-bas et se poursuit après la mort a pu faire dire à l'apôtre Paul : « Pour moi, la vie, c'est le Christ, et la mort est un gain[13] ». C'est ce verset que notre père a souhaité que nous inscrivions sur sa tombe.

Mais l'espérance chrétienne ne doit pas être un déni de la mort, ni de la souffrance de la séparation

Il y a quelques années, j'ai entendu plusieurs personnes me parler d'un service religieux qui les avait révoltées, et dont elles étaient sorties très mal : c'était l'ensevelissement d'une jeune femme de 20 ans, très engagée dans cette église et dans d'autres lieux, et qui était morte accidentellement. Le prédicateur, faisant fi de ce que pouvaient éprouver les proches, avait massivement insisté sur le fait que c'était un jour de joie, puisqu'elle avait rejoint son Seigneur, et que c'était un hymne de reconnaissance qui devait monter vers Dieu.

Jésus a pleuré sur le tombeau de son ami Lazare. L'espérance n'empêche pas la douleur de la séparation.

La pratique protestante des « cultes d'action de grâce », après un décès, souvent assez décalés dans le temps par rapport à l'inhumation ou l'incinération, nécessite une explication pour être bien comprise : ce temps de mémoire, de reconnaissance de ce qui a été reçu au travers de celui qui est parti, et de rappel de l'espérance chrétienne, est un temps de partage pour la communauté. Il n'entrave pas le travail de deuil, mais est souvent une aide et un encouragement pour la vie. Ce n'est en rien la négation de la douleur de la séparation. C'est une affirmation de l'espérance qu'un jour la mort n'existera plus, ni la souffrance, ni la maladie, ni la rupture.

L'espérance chrétienne, comme soutien face à la mort, me semble importante à deux niveaux :

- Celui de la **relation** : Dieu est, par Jésus, l'ami, le consolateur. On peut lui dire nos chagrins, notre révolte, notre peine, notre espérance. Même un enfant peut tout à fait vivre pleinement cette relation.
- Celui de l'**espérance** : nous croyons que la mort n'a pas la victoire pour toujours. Mais sur ce plan, attention : l'enfant, surtout s'il est jeune, prend les choses au premier degré, et peut s'appuyer sur des paroles ambiguës ou mal comprises pour se forger l'illusion que le mort va revenir, ou qu'on peut directement lui parler, qu'il est toujours là... ce qui empêchera le « travail de deuil ». Cela peut aussi donner l'envie de « le rejoindre ».

Certaines questions sont embarrassantes. On n'est pas obligé d'avoir une réponse à tout, on peut aussi dire : « Je ne sais pas ». La mort et ce qui la suit restent un mystère.

Au sujet de l'endroit où se trouve celui qui est mort, la Bible est très peu explicite. Elle en parle souvent comme d'un sommeil. Je crois qu'il est bon de ne pas identifier un lieu (ciel, enfer ou purgatoire) mais dire « près de Dieu », dans la présence de Dieu, ou peut-être coupé de la présence de Dieu. On est plus près du message biblique.

Je crois qu'on peut aussi affirmer que l'amour de Dieu, dont nous parlent toutes les Écritures, va bien au-delà de ce que les hommes connaissent.

Le suicide, comme option philosophique

Je n'aborderai pas ici la question de mettre fin à une vie qui s'est transformée en cauchemar permanent. Nous en parlerons dans des développements ultérieurs, mais je veux parler du suicide comme option philosophique revendiquée comme telle. Il est alors posé comme acte de liberté ou de courage. Ainsi, un homme m'a dit à de nombreuses reprises : « De toutes façons, mon corps est à moi, je fais ce que je veux. Le jour où je serai malade, ou bien quand je déciderai que j'en ai marre de vivre, je me suiciderai. Ça ne me pose aucun problème. »

Le Dr André Berge, médecin, psychanalyste et philosophe, dont la pensée a marqué mes premières années de pratique, montre la complexité de la question :

> Sans doute ne cessera-t-on jamais de discuter pour savoir si le suicide est un acte de courage ou de lâcheté. Il y faut, en général, de l'un et de l'autre — à moins qu'il n'y entre presque rien ni de l'un ni de l'autre, quand il n'est qu'un acte impulsif, comme il arrive souvent, conséquence d'une bouffée subite et irréfléchie d'angoisse, de panique ou de rage. Le seul suicide héroïque est celui qui consiste à se supprimer pour être sûr de ne pas se laisser arracher par la torture un secret dont on est dépositaire ; mais cela ne devrait pas s'appeler un suicide, car ce n'est pas soi que l'on vise, mais au contraire on vise à sauver quelque chose d'essentiel.
>
> Si le suicide résulte d'un choix et si ce choix n'exprime, en fin de compte, qu'une préférence personnelle, sans prise en considération d'autrui, force est de conclure que la dose de lâcheté y est plus élevée que la dose de courage. Il traduit en tout cas, à l'intérieur de la personne, une rupture d'équilibre entre ce que nous avons appelé « l'être individuel » et ce que nous avons appelé « l'être collectif », au détriment de ce dernier (...).

> L'illusion majeure consiste à s'imaginer que l'on ne met personne d'autre en cause que soi-même. « C'est ma vie, j'ai le droit d'en faire ce que je veux ! » En fait, on met sur les épaules des autres le fardeau qu'on s'est refusé à porter[14].

André Berge débouche sur une position qui est aussi une question : rupture d'équilibre entre l'être individuel et l'être collectif, le suicide n'a-t-il pas, même sous cette forme apparemment librement choisie, une certaine parenté avec la maladie, ici une maladie du lien ? C'est une piste sur laquelle réfléchir.

Sur le plan chrétien, la vie est donnée par Dieu. L'homme a la pleine liberté de sa gestion ainsi que sa responsabilité. Cela concerne la personne elle-même, mais également autrui. C'est ce qui est rappelé dans le sommaire de la Loi : « Tu aimeras ton prochain comme toi-même[15]. » « Comme » toi-même signifie : ni plus, ni moins. C'est accepter le tiraillement difficile. Notre société prône l'individualisme. Être soi est primordial, mais à mes yeux indissociable d'une prise en compte des autres également.

Tout autre dans sa signification est le suicide de détresse. Nous y reviendrons.

7

Au fil de la vie, les liens se transforment

• L'homme, un être en relation • La vie de couple commence par un deuil • Le conflit dépassé fait grandir • Le lien aux enfants devenus adultes • Devenir grands-parents • Et si l'on n'a ni conjoint ni enfant ? • Il n'y a pas d'âge pour être amoureux • Des liens réciproques • L'Église, famille de Dieu

Lorsque j'étais enfant, en vacances, nous montions presque tous les jours au jardin de mon grand-père, en haut du vieux village. Nous ne manquions pas de nous arrêter chez Rose. Dans mon souvenir, elle avait près de 15 chats ! Nous apportions des restes, parlions avec elle, nous caressions les petits chatons… Rose, vieille femme seule, était en lien avec et par ses chats. Ils étaient sa vie, et pour rien au monde elle ne les aurait laissés. Ils étaient aussi les médiateurs de sa relation avec les autres.

Ceux qui « font la route », qui ont perdu tout lien structuré avec la société, ont souvent un chien… véritable problème, car ils refusent de s'en séparer pour être admis dans les centres d'hébergement, et préfèrent prendre le risque du froid de la rue en plein hiver. On ne mesure souvent pas suffisamment que leur animal est leur attache la plus stable, la plus profonde.

L'homme, un être en relation

L'humain est en relation, par essence. La psychologie et la psychanalyse l'affirment, la Bible également. Dès le départ, dans le récit de la Genèse, la création de l'homme est placée sous le signe du lien : lien avec Dieu, qui parle à l'homme, lien avec les autres humains : « Il n'est pas bon que l'homme soit seul ; je vais lui faire une aide [1] qui sera son vis-à-vis [2]. » De fait, c'est à travers la relation à l'autre, échange impliquant le regard, le contact physique, les gestes, la parole que le petit enfant se construit comme sujet et accède à sa qualité d'homme.

La relation peut permettre à un humain de se construire, elle a aussi le pouvoir de le détruire. Nous en avons malheureusement des exemples dans l'histoire du monde, et j'en ai vu de nombreux effets au cours de ma vie professionnelle.

Les hommes ont été créés pour être en « vis-à-vis ». Pour moi, d'emblée, cela implique la distinction de chacun comme sujet, la différence, le non-asservissement de l'un par l'autre, cela veut dire des liens qui permettent à l'autre d'exister, de se développer, de s'épanouir. Cela est vrai pour les relations parents et enfants, les relations de couple, les relations entre les générations, et toute autre relation humaine, y compris entre les peuples. Est-ce que je permets à l'autre d'exister, de se développer ? Là est toute la question. Et cela conditionne tout l'avenir.

La vie de couple commence par un deuil

C'est ce qu'affirme Jean-G. Lemaire, l'un des pionniers du conseil conjugal et des thérapies de couple[3]. Pour vivre dans la durée, un couple doit traverser le deuil de l'image idéale de couple dont chacun était porteur, celle qui, justement, préside à la lune de miel (temps nécessaire comme phase, mais qui n'est pas destiné à durer).

Sophie était jeune lorsqu'elle s'est mariée. Quelques années plus tard, l'habitude avait usé l'ardeur du premier amour. Elle rencontra quelqu'un d'autre et partit. Elle vivait avec son quatrième conjoint lorsque je l'ai rencontrée, et elle songeait à se séparer. Au cours d'un long travail sur elle-même, elle affirma : « Finalement, c'est avec le premier que j'avais le plus d'affinité. Mais à ce moment-là, je pensais qu'on s'aimait ou qu'on ne s'aimait plus, je n'avais pas réalisé que c'est toujours à construire ! » Il faut faire le deuil et du couple idéal, et du conjoint ou du partenaire idéal, pour être en lien avec un autre humain tout simplement. Cet autre, certes, n'est pas n'importe lequel. De nombreux facteurs en grande partie inconscients participent à son choix.

Les crises sont aussi nécessaires que l'idéalisation qui préside au choix amoureux. Du conflit dépassé s'ensuit un réaménagement de la distance et un renouvellement des liens.

Un pasteur que je connais bien, homme plein d'humour, m'a raconté cette petite histoire qu'il a affirmé être véridique. Lors d'une réunion traitant du couple, un homme déclara avec fierté : « Monsieur le pasteur, nous sommes mariés depuis 40 ans, et il n'y a jamais eu entre nous l'ombre d'un orage ! » Sa femme, alors, se pencha à son tour vers le pasteur, et en aparté lui glissa : « C'est vrai, mais quelle sécheresse ! »

Oui, si nous sommes des êtres différents, et qu'aucun des deux n'est « passé sous la table », forcément, il y a parfois des divergences, des conflits.

La vie de couple va évoluer tout au long de la vie. Un

équilibre est à trouver entre la parentalité et la vie de couple. Il faut savoir le préserver. C'est primordial pour que le lien de couple ne se désagrège pas. La sexualité est à épanouir.

J'ai suivi, durant quelques mois, un couple qui avait la cinquantaine. Très croyants, ils avaient toujours pensé que la sexualité était de l'ordre du péché. Ce monsieur vint me rencontrer. Il me dit : « Lorsque je vois vivre ma fille et son mari, je sens leur entente y compris physique, et je me dis que, ma femme et moi, nous sommes passés à côté de la vie ! » Il n'en avait jamais parlé à sa femme, pensant qu'elle ne le comprendrait pas. J'ai proposé de les recevoir en couple. Elle a tout de suite accepté. Elle avait également le désir de vivre une entente de leurs corps. Ils l'ont découverte ensemble, à 50 ans. C'était très émouvant.

L'avancée en âge modifie souvent la sexualité. Je le réaffirme : ménopause et andropause ne signent ni la fin du désir ni celle du plaisir. Le besoin sexuel peut n'être plus aussi pressant, pour beaucoup de femmes en particulier. Certaines, même, peuvent se sentir libérées d'une obligation qui leur a pesé toute leur vie. C'est le signe que leur sexualité n'a pas pu s'épanouir. À un certain âge, l'expression de la sexualité évolue davantage vers la tendresse. Beaucoup de choses dépendent de la qualité des liens de couple établis avant.

Certains trouvent indécente la sexualité des personnes âgées, qui peut se poursuivre jusqu'à un âge avancé. Pourtant, la sexualité n'est-elle pas fondamentalement un élan vers l'autre, à tout âge de la vie ? Un peu plus tard peut se vivre une sorte de tranquille constatation que séduire sexuellement n'a plus la même importance.

L'ancrage dans les engagements pris et le soutien de la prière peuvent aider à traverser des crises, à mûrir et à prendre un nouveau départ, plutôt que de rompre. En effet, la promesse de l'évangile que la vie peut renaître des cendres donne de l'espérance, fait sortir de la fatalité et des choses subies. Dans ma jeunesse, j'ai connu un couple qui s'était remarié après 7 années de rupture, chacun ayant fait pour son propre compte tout un chemin spirituel, et ensemble, un travail de compréhension et de pardon.

Le conflit dépassé fait grandir

Nous avons déjà parlé du conflit des générations, comme permettant à l'adolescent de se poser comme personne, de se détacher.

Le conflit, s'il n'est pas enterré, s'il peut être clairement abordé, sans qu'il y ait de jugement sur l'un ou l'autre, permet à chacun d'avancer. Nous avons tous une vision partielle de la vie. L'autre qui ne pense pas comme nous n'a pas forcément tort ou raison. Peut-être simplement n'avons-nous pas les mêmes repères, le même angle de vue. Nos approches pourraient bien se trouver complémentaires, ce qui est une richesse et non un problème. Cela est vrai la majeure partie du temps, sauf lorsqu'il s'agit de positions qui ne respectent plus les autres êtres humains dans leur intégrité, leur personne, leur dignité. Dans ce cas, il faut affirmer sa propre existence, entrer en résistance pour soi ou pour autrui !

Un conflit exprimé dans la confiance et le respect amène souvent à voir autrement le problème. Chacun évolue en prenant conscience d'autres façons de percevoir que la sienne. Tout cela est important. Que de relations pourries de l'intérieur par des rancœurs soigneusement entretenues, sans qu'une explication ait lieu, sans qu'un pardon soit donné !

Dans la Bible, certains hommes ont discuté les ordres de Dieu ou ses projets, ils ont argumenté. Dieu ne leur en a pas voulu, visiblement. Il leur a expliqué, il a trouvé une image leur permettant de comprendre. Il a même parfois changé d'avis ! Il ne faut pas oublier que la colère est une forme de relation. Le pire est l'indifférence ! Un jour où un homme me parlait de sa grande colère envers Dieu, je lui ai demandé : « Vous le lui avez dit ? » Il n'avait jamais pensé jusque-là que pareille chose soit possible !

Le lien aux enfants devenus adultes

Dans un chapitre précédent, nous avons insisté sur le fait que les parents doivent être honorés, et quittés. C'est à double sens. Les parents doivent accepter d'être quittés, faire le deuil de leur « petit » pour trouver une autre forme de relation : en vis-à-vis. De fait, ils ne « perdent » pas leur enfant, comme le redoutent certains (il est terrible de parler comme d'une mort du départ d'un enfant vers sa vie), ils découvrent avec bonheur l'homme ou la femme qu'il devient, et font l'expérience de liens tout nouveaux, et si riches ! Ils peuvent aussi découvrir celui ou celle que leur enfant, un jour peut-être, leur présentera, celui qu'on désigne souvent par cette expression horrible : une « pièce rapportée ». C'est une joie… si le nouveau venu n'est pas un rival ! S'il l'est, c'est que la nécessaire séparation n'est pas encore faite.

Tout cela signifie respecter ses enfants comme adultes, respecter leurs choix, même si ce n'est pas ceux qu'on aurait faits soi-même, respecter leur façon d'envisager la vie. Certains jeunes adultes ne peuvent avoir que des relations distanciées avec leur famille ou leur belle-famille, parce que toute rencontre tourne à la leçon de morale ou à la réprobation muette… quand cela n'aboutit pas à des problèmes de couple parce que l'un ou l'autre veut que l'on prenne son parti. Quel gâchis !

Tout se retrouve à la vieillesse. Les relations restent bien évidemment marquées par leurs formes passées, bonnes ou mauvaises.

Sophie ne va voir sa mère que de temps en temps. Elle l'aime pourtant profondément. Mais chaque fois qu'elle y va, ce ne sont que des plaintes à propos de l'ingratitude de ses enfants. Cette mère a toujours demandé que l'on soit auprès d'elle, jalouse de tout ce que ses enfants faisaient en dehors d'elle. De fait, ayant arrêté le métier qu'elle aimait, elle estime qu'elle s'est « sacrifiée » pour eux, et qu'il est donc logique qu'ils en fassent autant.

Je crois qu'il est important d'assumer les choix qui sont les nôtres, pleinement, qu'il est bon de choisir de donner la priorité au fait d'élever ses enfants si on le fait joyeusement, mais qu'il n'est pas bon de le faire en pensant que l'on se « sacrifie ». Il en est de même plus tard, par rapport à son conjoint malade ou à ses vieux parents. Lorsqu'on fait un choix, il est important de le faire pleinement, et de ne pas le faire « payer » après coup, d'une façon ou d'une autre, à ceux qui en sont bénéficiaires.

J'ai connu des enfants qui cachaient à leurs parents le fait qu'ils venaient dans le village voir des amis, car ils auraient déclenché une crise de jalousie ! J'ai souvent entendu parler des repas du dimanche « obligatoires » chez les parents ou les beaux-parents, empêchant la vie du nouveau foyer, ou la vie amicale. Heureusement, je connais aussi des parents qui se réjouissent lorsque leurs enfants partent en vacances, passent la soirée avec des amis, lorsqu'ils s'invitent entre frères et sœurs en dehors d'eux : ils y voient un processus vivant qui les réjouit, même s'il s'en suit des visites moins fréquentes.

Devenir grands-parents

Beaucoup de personnes d'un certain âge parlent de l'immense bonheur de devenir grands-parents. D'autres non. Les grands-parents, s'ils sont assez proches géographiquement, sont souvent une aide précieuse, une roue de secours pour la garde des petits-enfants. Il est en même temps important qu'ils ne soient pas esclaves de leurs enfants, qu'ils aient leurs propres intérêts. À doses modérées, c'est une joie de s'occuper de ses petits-enfants. Si c'est trop souvent, cela peut devenir pesant, être une fatigue, une contrainte ! Il est bon aussi que les enfants réalisent que leurs parents, même à la retraite, ont une vie personnelle qui est à respecter.

Mais être en relation est toujours important. La Fédération des Écoles des Parents, en lien avec l'École des Grands-Parents Européens, a fait une enquête : « Regards croisés grands-parents/adolescents ». Annoncée dans la revue[4], elle a fait l'objet d'une communication lors des dernières journées d'étude de la Fédération. C'est fort intéressant. Grands-parents et adolescents, deux populations dont le regard social dit qu'elles sont « à problème » ! De part et d'autre existent des sujets d'inquiétude pour l'avenir : pour les uns la dépendance, pour les autres l'avenir socioprofessionnel incertain... Que disent-ils de leur relation, quelle image ont-ils les uns des autres ?

Eh bien, les réponses sont les mêmes des deux côtés : à 93 % les relations sont qualifiées de bonnes ou très bonnes. Les mots pour qualifier ces relations, lorsqu'elles sont positives, sont : écoute, non-jugement, confiance, confidentialité, et gaieté partagée ! Ceux des adolescents qui se plaignent le font autour de trois raisons : « ils ne me parlent que de l'école », « ils préfèrent mon cousin », « ils sont méchants, hypocrites ». Les grands-parents, eux, si la relation est mauvaise, disent : « Ce sont ses comportements, c'est l'adolescence », mais aussi, souvent, « ce sont les parents ».

En effet, un bon nombre de grands-parents ont répondu : « Ce qui nous gêne, ce sont les parents », particulièrement lorsque ceux-ci divorcent. Les grands-parents sont malheureux pour leurs petits-enfants.

On le voit, la relation est plus tranquille avec le saut d'une génération. Et les arrière-grands-parents sont décrits comme encore plus ouverts et tolérants que les parents ! À quelques exceptions près, bien sûr.

La relation est précieuse si les grands-parents ne veulent pas jouer un autre rôle, prendre une autre place, n'ont pas de préférence notoire.

Et si l'on n'a ni conjoint, ni enfant ?

Est-on condamné à une vie sans lien, sans attache ? La vie nous montre de nombreux exemples contraires. J'ai déjà parlé de notre Mémé Michèle. Mon mari avait logé chez elle, dans son adolescence. Elle était à part entière notre grand-mère de cœur ! Elle avait travaillé à la cantine de son village. Veuve de longue date et sans descendance, sa chambre, à la maison de retraite, était pourtant couverte de dessins d'enfants, qui remplissaient son cœur de joie, et son intérieur de gaieté : c'étaient les œuvres des fils et filles de ceux qu'elle avait eus dans leur enfance à la cantine ! Le lien n'avait jamais été perdu ! Elle était tellement agréable : toujours contente, toujours un mot gentil pour chacun ! On pouvait ne pas être venu depuis plusieurs mois, il n'y avait jamais un reproche, simplement tant de joie de nous voir que cela nous incitait à revenir !

Beaucoup de personnes adultes ont gardé des liens très profonds avec des personnes de leur entourage : parrain, marraine, oncle, tante, voisin, qui ont su accueillir leur amour d'enfant.

Ma meilleure amie, malheureusement précocement décédée, était de ceux-là : on ne se sentait pas de trop si on « débarquait » chez elle en famille. Elle vivait seule, mais il y avait toujours des objets passionnants pour les petits dans son placard, des jeux, des livres... Sa maison était faite pour accueillir. En effet, pour que la relation se construise, il faut qu'elle soit à double sens. Nous n'allions pas la voir parce qu'elle était seule, nous ne l'invitions pas parce qu'elle était seule, nous y allions et elle venait parce que nous y avions tous un grand plaisir.

Beaucoup de personnes seules ont une vie relationnelle extrêmement riche, avec des amis très divers, rencontrés au fil de toutes leurs activités, professionnelles, associatives, de loisir, vie qu'elles ont su cultiver.

D'autres l'ont rétrécie par peur, par habitude, par souci d'ordre. La relation crée du mouvement... et parfois du désordre ! J'ai connu des maisons dans lesquelles on devait mettre des patins de feutre en entrant. Bien évidemment, il est difficile d'y venir avec plusieurs enfants !

Il n'y a pas d'âge pour être amoureux

Un jour, en ouvrant la porte de ma salle d'attente, je me trouvai devant une petite mémé si jolie et si rayonnante qu'après l'avoir invitée à s'asseoir, je lui dis que je m'étonnais de sa présence, vu qu'elle me paraissait aller très bien. « Je suis venue pour que vous me disiez si je suis complètement folle ! » me répondit-elle. Elle m'expliqua alors, toute rose d'émotion, qu'au club du troisième âge, elle avait rencontré un Monsieur. Elle me dit qu'elle se trouvait ridicule, à 75 ans, veuve depuis 10 ans, d'avoir les mêmes émois qu'à 15 ! Elle sentait son cœur battre très fort et devenait toute rouge chaque fois qu'il arrivait ! Ce Monsieur, 80 ans, lui proposait maintenant de terminer leur vie ensemble : « Que vont dire mes petits-enfants ? Mon petit-fils se marie cet été ! » Je lui ai dit qu'elle donnait une image bien vivante de la vieillesse, et que ses petits-enfants avaient bien de la chance. Je ne l'ai jamais revue. Sans doute s'est-elle autorisée à vivre cet amour de l'automne de la vie.

Les personnels des maisons de retraite ou des maisons médicalisées ainsi que les familles voient avec bienveillance les amours platoniques : je me souviens de Francine et Jules, main dans la main, se regardant pendant des heures avec un regard d'adoration. Premier amour pour l'un et l'autre, ils étaient touchants. Mais tout autre est la réaction s'il y a sexualité ou attitudes le suggérant, comme si toute sexualité au 4e âge relevait de la perversion ou de la démence. C'est faux. S'il est vrai que la démence lève des inhibitions et que cela peut entraîner des comportements qui posent problème, ce n'est pas un regard à généraliser. Même les très vieux peuvent avoir des élans physiques très respectables !

Des liens réciproques

Nous sommes en mars 2007. Je suis «montée» voir mon amie Yvette, en train de mourir d'un cancer. Comme je le fais régulièrement, j'y vais pour quelques jours. Unc amitié de 40 ans nous lie. Chaque fois que je donne à quelqu'un la raison de mon voyage, les gens ne manquent pas d'ajouter, d'un ton compatissant: «Bon courage...»

Ça finit par m'agacer! Je ne me sens pas du tout «courageuse» en allant voir Yvette. Je vais partager de l'amitié, comme nous l'avons fait tant de fois. Je donnerai, et je recevrai. Certes, au lieu de nous promener dans les montagnes qui lui sont si chères, et dont les photos garnissent sa chambre d'hôpital, nous parlons en marchant à petits pas, en faisant l'aller-retour dans les couloirs du service. Mais nous parlons comme à l'accoutumée: de tout, de rien, de chacune de nous, de nos rencontres, de nos joies, de nos peines, de l'étape qui est la sienne, mais aussi des livres que nous lisons, de l'évolution de la France, de la politique...

Bien sûr, d'autres moments suivront, plus difficiles, nous le savons: la souffrance, et puis la séparation. Mais nous jouissons d'être ensemble, nous en profitons pleinement.

Elle est en soins palliatifs depuis trois jours. Elle connaît déjà beaucoup de choses de la vie de chacun des soignants. Les photos de ses proches et de paysages qu'elle a fait placer sur les murs ont délié les langues. L'un parle de ses enfants, l'autre de la Bretagne dont il est originaire, une autre des Hautes-Alpes où elle a séjourné, certains même de leurs difficultés. On sort ainsi du lien purement soignant-soigné, pour entrer dans une relation tout simplement humaine. Yvette sait créer cela. Cela enrichit les autres, et cela l'aide à vivre.

J'avais pensé qu'elle avait mis toutes ces photos pour elle: pour que soient présents les personnes et les lieux qui lui sont chers. Elle m'a dit: «Pas seulement, c'est aussi pour que ceux qui rentrent ne voient pas uniquement une vieille femme en fin de vie, mais soient en lien avec la femme vivante dont la vie continue ». Yvette m'a beaucoup appris.

On peut favoriser ou refuser le lien. Mais il est vrai que certains, en raison de leur histoire, rencontrent là beaucoup plus de difficultés que d'autres. Yvette m'a souvent dit : « Je n'y suis pour rien, cela m'est donné ». Cependant, malgré tout, il y a toujours une part qui dépend de nous.

L'Église, famille de Dieu

Claudine était gravement malade. Sa maladie mentale l'avait éloignée de ses frères, car sa pathologie évoquait trop de douloureux souvenirs liés aux troubles de leurs parents. Elle et son enfant ont trouvé une « famille » dans la paroisse à laquelle elle s'est rattachée. Elle s'y est bien sentie, acceptée telle qu'elle était, avec les moments où elle pouvait participer pleinement, d'une façon créative et engagée, et d'autres où elle était au fond du trou, rongée de l'intérieur par ses difficultés internes. Lorsqu'elle est morte, son frère a demandé à me rencontrer. Il m'a beaucoup parlé de ce que lui avaient dit d'elle les gens de la paroisse, présents en grand nombre lors du service funèbre. Il était étonné, et même bouleversé : « Je ne savais pas qu'il pouvait y avoir de tels liens, qu'ils connaissaient si bien ma sœur ! Je suis très touché par tout ce qui m'a été raconté d'elle, par toute cette amitié qui l'a entourée. »

N'est-ce pas le commandement d'amour de Dieu ? « Je vous donne un commandement nouveau : que vous vous aimiez les uns les autres ; comme je vous ai aimés, que vous aussi, vous vous aimiez les uns les autres [5]. » C'est l'attente de Dieu pour ceux qui se réclament d'être ses enfants : « Car vous êtes tous, par la foi, fils de Dieu en Jésus-Christ [6] », « membres de la maison de Dieu [7] ». Cette famille spirituelle peut, dans certains lieux, fonctionner pleinement.

La relation en église est, elle aussi, appelée à évoluer. Comme toute relation, elle est traversée de conflits, de tensions bien humaines. Chacun devrait pouvoir y trouver une place qui lui permette de croître, de devenir homme ou femme mature, dans la liberté et la confiance, solidaire des autres, mais non assujetti...

8

Le temps de la retraite

• Le stress de la retraite • La retraite se prépare et doit se réfléchir avec réalisme • À quel moment prendre sa retraite ? • Quel lieu pour la retraite ? • La retraite, une étape pour le couple • Un temps ouvert pour du nouveau • La retraite peut être harmonieuse • L'argent • Les retraites, un problème social • La Bible parle-t-elle de retraite ? • Du temps pour l'essentiel

Pierre parlait souvent du jour où il serait à la retraite. Ayant travaillé toute sa vie, il attendait ce moment avec impatience. Il affirmait : « Je m'installerai sur une chaise longue, et je n'en bougerai plus ! » Et il l'a fait ! Six mois plus tard, il avait un accident vasculaire cérébral, et se trouvait alors bien immobilisé… mais ce n'était plus par son choix. Il est bien connu que certaines personnes « ne se font pas » à leur retraite, ou bien s'y adaptent en apparence mais présentent dans les mois qui suivent des troubles graves, physiques ou psychiques, parfois mortels. Comment l'expliquer ? Cela paraît paradoxal.

Le stress de la retraite

Le mot « stress », qui nous est venu d'outre-Atlantique et est passé dans le langage courant, est très utilisé, sans que l'on sache souvent qu'il recouvre une réalité médicale précise. Qui ne dit pas qu'il est stressé par telle ou telle situation, voire par la vie ? Il y a des stages de gestion du stress pour les responsables d'entreprise… Le mot est devenu un synonyme d'angoisse, de surmenage, de tension occasionnelle ou permanente. Or, son sens médical explique très bien pourquoi la retraite est un stress. Le stress, médicalement parlant, n'est pas un phénomène négatif, au contraire. C'est au Dr Hans Selye (Canadien d'origine autrichienne) que l'on doit les premières études sérieuses sur le stress. Le stress, c'est la réaction de notre organisme à quelque chose qui vient modifier son équilibre, et qui l'oblige à une adaptation, appelée « syndrome général d'adaptation ». La réaction corporelle (celle que Selye a surtout étudiée) et affective est d'autant plus intense que la chose est brutale, et que la personne n'y est pas préparée. La cause peut en être physique (froid, chaleur, bruit intense, survenue d'un danger) ou psychique (événements de vie, tensions relationnelles). Le corps et le psychisme se mettent en état d'alerte, pour faire face le mieux possible. La cause peut être occasionnelle, ou durable, ou les stress se répéter, pouvant alors déborder les capacités d'adaptation de l'individu.

On peut très bien réagir aux changements de vie d'une période de vacances, et très mal réagir aux vacances définitives de la retraite ! S'il y a débordement des capacités d'adaptation, alors surviennent différents symptômes. La classique « triade du stress » comporte hypertension artérielle, ulcères gastriques ou duodénaux, baisse des défenses immunitaires, et donc plus grande vulnérabilité à toutes les maladies et infections. Il n'existe pas d'absence totale de stress. La vie est une suite d'adaptations successives, d'équilibres et de déséquilibres. La vie est mouvement, c'est son essence même. Il s'agit donc, non pas d'éviter tout stress — sinon, quelle tristesse ! — mais de développer son aptitude à faire face aux changements. Cela se fait, d'une façon générale, tout au long de la vie. Par ailleurs, la retraite se prépare.

Les Américains, qui aiment bien chiffrer les choses, ont classé les événements de la vie selon leur valeur stressante. Une des échelles utilisées est celle de Holmes et Roche (1967) [1]. Les événements y sont cotés de 0 à 100, selon leur valeur stressante. Je n'en relève que quelques chiffres, à titre d'exemple :

Mort du conjoint	100
Divorce	73
Séparation	65
Mort d'un parent proche	63
Blessure ou maladie	53
Mariage	50
Licenciement	47
Retraite	45
Grossesse	45
Ennui de santé d'un parent proche	44
Arrivée d'un nouveau membre dans la famille	39
Mort d'un ami intime	37
Un enfant quitte le foyer	29
Succès exceptionnel	28
Début ou fin du travail de la femme	26
Déménagement	20
Vacances	13

Il est surprenant de voir que des événements heureux peuvent parfois produire les mêmes effets que des événements douloureux, et pourtant cela est confirmé par la clinique. Je me souviens du livre d'une psychanalyste travaillant en cancérologie. Dans son livre *L'enfant donné pour mort*[2], Danièle Brun explique comment, dès le début, ils avaient mis en place dans le service un soutien pour les parents au moment de l'annonce d'un pronostic mortel, et comment ils avaient été amenés à soutenir également les parents lorsqu'on leur annonçait que, contre toute attente, leur enfant allait vivre. En effet, plusieurs parents avaient craqué, paradoxalement, au moment où on leur annonçait la guérison inattendue. Tout se passait comme si le chemin psychique qu'ils avaient parcouru pour accepter la mort ne leur permettait pas de changer complètement de repères en imaginant à nouveau la vie. Et, par ailleurs, ils se sentaient très coupables d'être perturbés par cette annonce au lieu d'être simplement remplis de joie.

La retraite peut être une joie, un moment attendu, et cependant être facteur de stress, car c'est un très grand changement. Les statistiques montrent que si plusieurs éléments stressants se conjuguent, si leur cumul atteint 150 à 200 sur une année, 37 % tombent malades, si le score atteint 200 à 300 le pourcentage est de 50 %, et 80 % au-delà de 300 . C'est dire que les capacités humaines ont des limites.

Cependant, il suffit de regarder autour de soi pour remarquer que la limite n'est pas du tout la même selon les individus. Elle dépend des fragilités liées à l'histoire personnelle, des conflits internes non résolus, y compris inconscients, du sens et des valeurs de la vie, de la façon dont on a préparé le changement en question. L'être humain est une personne totale, qui réagit avec tout son être : son corps biologique, son affectivité, son intelligence, son inconscient, son être spirituel, avec ses richesses et ses faiblesses.

La retraite se prépare, et doit se réfléchir avec réalisme

Je ne reviendrai pas sur tout ce que j'ai déjà développé : c'est tout au long de la vie qu'il est souhaitable de développer des capacités diverses, d'avoir des activités variées, surtout après le départ des enfants, de cultiver la vie relationnelle.

Mais, quelle que soit la préparation, la retraite est une étape particulière, même lorsque la situation financière et matérielle ne pose pas problème, puisqu'elle fait intervenir plusieurs facteurs de changement. Nous allons en voir quelques aspects.

À quel moment prendre sa retraite ?

Tout le monde n'a pas le privilège de choisir son moment, ni les modalités qui lui conviendraient le mieux. L'idéal serait de pouvoir cesser ses activités par étapes, car ainsi, le nouveau mode de vie pourrait s'apprivoiser et se trouver progressivement. Mais cela est rarement réalisable. L'âge de la retraite s'impose souvent : 60 ou 65 ans, selon les professions. Il rencontre une date butoir, ou bien il est lié au nombre d'années nécessaires pour que la pension de retraite soit à un taux convenable, ou découle du fait que l'on a encore un ou des enfants à charge. Si l'on a le choix, alors, c'est à chacun de sentir le bon moment. Personnellement, trois ou quatre ans avant ma cessation d'activité, je n'imaginais pas du tout pouvoir quitter mon travail, très prenant mais tellement passionnant ! Exerçant une activité libérale, je pouvais prolonger sans problème pendant des années. Mon entourage pensait que je ne m'arrêterais pas avant 75 ans ! Puis un chemin s'est fait en moi, insensiblement, et le choix s'est imposé, je dirais presque tout seul, lorsqu'il a été à maturité. Il est important, si on en a le loisir, de laisser les choses mûrir en soi.

Quel lieu pour la retraite ?

C'est une question importante. Cela peut être un choix, ou être imposé par la réalité. Mais, dans tous les cas, c'est à réfléchir. Les enfants sont partis, la nécessité d'être proche du travail ne se pose plus, les finances peuvent rendre nécessaire de se loger autrement… Que choisir ? En fonction de quoi ?

Du confort ? Du soleil ? De ses enfants ? De ses amis ? De ses racines ?

Mme B. habitait Paris. Les hautes fonctions de son mari rendaient impérative l'habitation dans la capitale. De tout temps, l'un et l'autre avaient affirmé : « À la retraite, nous irons habiter le Midi ! » C'est ce qu'ils ont fait. Prévoyants, ils avaient acheté une maison quelques années auparavant, ils y venaient en vacances, l'ont aménagée… Cette magnifique maison au milieu des pins, dans un village, avec piscine bien sûr, leur permettait de recevoir enfants et amis. Une fois à la retraite, ils sont venus y habiter en permanence. Et là, tout a basculé. Lorsque Madame est venue me consulter pour la première fois, en plein état dépressif, elle m'a longuement parlé du bruit du vent dans les pins, qui la faisait rêver quand elle habitait Paris, et qui à présent lui paraissait angoissant, lugubre. Son mari, grâce à sa profession passée, a rapidement trouvé des activités à Nîmes, mais elle a eu plus de mal. Dans le village où ils s'étaient installés, elle n'était pas arrivée à trouver sa place. C'était en partie une cité-dortoir : les gens qu'elle aurait aimé fréquenter n'étaient pas présents dans la journée… et les autres, ceux du terroir, soit lui faisaient sentir qu'elle était une « étrangère », soit ne partageaient aucun de ses pôles d'intérêt. Le couple a finalement pris la décision de déménager en ville.

Il est important de bien réfléchir ses choix, en tenant compte de tout le réseau relationnel, des possibilités… ne surtout pas se précipiter. Car, après le rêve, peut venir la désillusion.

Séparée de longue date, les enfants bien installés dans leur vie adulte, Pierrette est venue du Nord pour trouver le soleil du Midi où elle avait déjà quelques amis. Elle s'est installée dans une petite ville où elle s'est rapidement insérée par ses activités musicales et son engagement dans une église très vivante… Mais ses enfants, tous restés dans le Nord, lui manquaient. Elle souffrait de ne pas voir grandir ses petits-enfants. Elle a décidé de repartir là-bas. Elle y est restée une année : assez pour prendre la mesure de divers facteurs. Chacun avait sa vie. Ses enfants, qu'auparavant elle voyait venir en vacances, n'avaient pas envie de se sentir l'obligation de passer leurs dimanches avec elle ! Elle ne les voyait finalement pas vraiment davantage, et toujours en courant. Et les activités qu'elle avait tenté de retrouver là-bas ne la satisfaisaient pas. Elle a pris la décision de revenir dans le Midi, préférant de petits séjours auprès des siens, ou leur venue, à un quotidien finalement plus frustrant.

Aucune vie n'est semblable. Mais ces deux exemples montrent combien il est important de réfléchir, de peser le mieux possible tous les éléments du problème. Il faut choisir, en sachant qu'aucun choix ne présente que des avantages.

La retraite, une étape pour le couple

D'autres aspects de la vie de couple ayant été traités par ailleurs, je ne parlerai ici que de l'impact de la retraite elle-même.

Je connais Anne depuis mon enfance, ainsi que son mari, car j'étais amie avec leur fille. Lorsque je les ai revus, lors de vacances, Yves venait de prendre sa retraite. Persuadée que leur bonheur de vivre n'en était que renforcé, j'ai demandé à Anne ce qu'ils faisaient de leur retraite, tous deux ensemble. Elle a éclaté en sanglots, et m'a expliqué que, depuis qu'Yves était à la retraite, c'était l'enfer. Femme au foyer, et heureuse de l'être, sa maison était son petit monde. Or Yves, qui n'avait auparavant aucune activité hors de son travail, était maintenant toujours là, et « envahissait » son territoire. Elle ressentait qu'elle n'avait plus d'utilité, puisque maintenant il voulait cuisiner, faire les courses (… ce que d'autres femmes attendraient avec grand plaisir !!). Bref, Anne était complètement déprimée, et le couple était pour la première fois en crise grave. Heureusement, un soutien temporaire les a aidés tous deux à réaménager leurs modes de vie : Anne a découvert qu'elle pouvait avoir des activités extérieures, Yves en a trouvé aussi, et le couple a inventé un nouveau partage des tâches. L'été suivant, j'ai eu la joie de les retrouver tous deux en pleine forme. Ce couple aimant n'avait jamais imaginé qu'être ensemble serait ainsi un problème. La question peut se poser autrement, sur le mode de la fuite : Gaston part le plus possible de la maison, car, dit-il, il se sent « chez elle ». Lui va faire son jardin, d'autres vont au café…

Peut-être, dans cette nouvelle étape, se repose la problématique du tout début : il faut à nouveau faire le deuil d'un fantasme fusionnel, où l'on ferait tout, tout le temps, à deux. Il est bon, et même fondamental de faire des choses ensemble, mais il est bon aussi que chacun trouve des lieux de réalisation personnelle qu'il partage avec l'autre non pas dans la présence, mais dans le lien de parole… ou qu'il garde dans son jardin secret ! Et il est primordial que chacun se sente « chez eux » dans le logement commun. Seuls l'amour et la confiance peuvent guider ce nouveau temps.

Par rapport à cette étape du couple, la Bible commande d'aimer « son prochain comme soi-même ». Dieu n'appelle pas à « se sacrifier », mais à ce que chacun puisse avoir sa place, dans l'entraide et le respect. S'il y a sacrifice, ou démission de l'un par rapport à l'autre, il n'y a pas rencontre, mais solitude de chacun, et souvent désarroi complet lorsque l'un des deux disparaît, l'autre n'ayant pas appris à exister, ou ayant oublié d'exister pour lui-même.

Un temps ouvert pour du nouveau

Il est important de n'avoir pas remis à la retraite tous les désirs que l'on avait pendant sa vie. Mais il est vrai que la retraite donne une disponibilité que l'on n'avait pas auparavant avec le travail et les enfants. S'il est nécessaire de faire preuve de réalisme, et de ne pas rêver sans se confronter au principe de réalité, il est important aussi d'oser, de s'autoriser à concrétiser des rêves. C'est ainsi que l'on voit certaines personnes trouver un nouvel épanouissement, dans une réalisation d'elles-mêmes qu'elles n'avaient pas eu le loisir d'exprimer jusque-là.

Par ailleurs, lorsqu'on a cessé le travail et que les enfants sont partis, ces activités sont le support relationnel le plus important en dehors de la famille. Il en sera parlé avec plus de précision dans le chapitre suivant.

Être à la retraite n'est pas battre en retraite, ni se retirer de la vie ! Souvent, un temps d'adaptation est nécessaire : craignant de rencontrer l'ennui, le vide, certains sont vraiment sur-occupés au début. Il faut ensuite faire le tri. La gestion du temps pose parfois problème : le plus souvent, le temps était réglé de l'extérieur, par le travail, les obligations diverses. Au moment de la retraite, il incombe à chacun d'en assumer la gestion.

La retraite peut être harmonieuse

Sachant que je travaillais sur ce sujet, une connaissance m'a indiqué un livre épuisé que j'ai réussi à dénicher[3]. J'ai pris un immense plaisir à sa lecture. Il reste très actuel. Je me suis sentie en accord profond avec la façon de penser de son auteur. J'en ai déjà cité quelques extraits. Pierre Guillet, médecin généraliste très engagé dans l'association de gérontologie du 13e arrondissement de Paris, pose cinq points d'appuis fondamentaux, qui conditionnent d'après son expérience, un vieillissement harmonieux :

- Les ressources,
- Le logement,
- La santé,
- La vie affective,
- La vie sociale.

J'y souscris pleinement. Cependant j'y ajouterais volontiers un sens à la vie, et une précision : la vie sociale, par bien des côtés, conditionne les autres registres. Si on a une vie sociale riche, bien d'autres aspects seront facilités, abordés autrement. Les églises sont l'un des lieux de vie sociale régulière, et peuvent jouer un rôle très important dans la vie de certains de leurs membres.

Ceux qui ont confondu leur identité personnelle avec leur identité professionnelle sont mis plus à mal : ils perdent toute valeur à leurs yeux, et souvent ils n'ont pas développé leurs potentialités dans des axes variés.

L'argent

Pour un certain nombre, la retraite entraîne une diminution très importante des ressources : parfois près de la moitié. En France, les ressources minimales permettent de manger, mais parfois au prix d'une vie sans grande liberté, sans fantaisie, et peuvent obliger à quitter les lieux familiers et tous les repères, car on ne peut plus faire face aux diverses charges. Et pourtant, nous sommes privilégiés par rapport à bien d'autres pays. Mais dans certains d'entre eux, la solidarité du groupe joue encore pleinement son rôle.

On connaît la peur de manquer qui existe chez les personnes âgées. Le théâtre s'en est fait l'écho, dans *L'avare*, par exemple. Parfois cette peur est entièrement imaginaire. On se raccroche à l'avoir, lorsqu'on est en difficulté d'être. Mais cette peur de manquer est peut-être surtout une peur de n'avoir plus les moyens de l'indépendance. On sait le prix des maisons médicalisées…

Certaines personnes n'ont pas eu l'habitude de gérer le budget, les papiers, parfois les tâches du quotidien, les abandonnant entièrement à leur conjoint. Si elles se retrouvent seules, elles peuvent être affolées, débordées. Ce sont donc des domaines à penser et partager de longue date. Il est important de trouver un bon équilibre entre ses capacités présentes, ses désirs, et les moyens dont on dispose pour les réaliser. Prendre des risques est important, mais en en ayant bien mesuré les enjeux. Recevoir de l'argent « sans rien faire » peut être une difficulté. J'ai déjà entendu des personnes l'exprimer. En parler permet de remettre la réalité à sa place.

Ça ne fait pas mourir, ni vieillir plus vite, de penser à l'avance, de vouloir savoir de quoi demain sera fait. Il est bon de demander une reconstitution de carrière et une évaluation des droits lorsqu'on est à quelques années de la retraite. Cela aide à faire des choix.

Les retraites, un problème social

On ne peut évacuer la réalité sociale de cette question des retraites. Nous avons eu des années privilégiées. J'en profite moi-même encore aujourd'hui. Mais demain ? Il y a cent ans, la question des retraites ne se posait guère : seule une minorité était encore en vie quand arrivait ce temps. La vie se déroulait en famille élargie, avec souvent un ancrage agricole qui permettait plus facilement une solidarité. Plus mal lotis étaient les ouvriers, mais souvent ils mouraient épuisés avant l'heure. En 1945, un grand acquis social a vu le jour : la retraite pour tous à 65 ans, ouvrant des perspectives jusque-là inconnues. Mais acquis bien limité cependant, si l'on réalise qu'à cette date, l'espérance moyenne de vie était de 62 ans, et bien moins pour ceux qui avaient eu une vie difficile ! Ce n'est plus le cas aujourd'hui pour beaucoup. Ma mère est morte à 93 ans et demi. Professeur, retraitée à 56 ans, compte tenu de ses quatre enfants, elle a bénéficié d'autant d'années de retraite qu'elle avait eu d'années d'activité !

Les données se sont donc profondément modifiées : ce qui était un privilège, une exception, est devenu courant. Nous pourrions en être fiers, mais cela semble aussi une menace. Pour ceux qui le voient ainsi, les raisons sont de plusieurs ordres. L'augmentation de la durée de vie a fondamentalement changé la question. Il y a de plus en plus de personnes de plus de 65 ans… dont il faut payer les retraites. Le poids des retraites sur les actifs pourrait devenir insupportable : on parle de ces

« vieux qui coûtent cher ». Mais si les vieux voulaient travailler, ils « voleraient » le travail aux jeunes. Il ne s'agit pas seulement de cela. On agite aussi l'épouvantail d'une société « de vieux », ce qui la rendrait sclérosée et inintéressante.

Dans tous les cas, on fait croire qu'il y a opposition entre les intérêts de chacun. Ce n'est, je crois, profitable pour personne. Car bien traiter les vieux d'aujourd'hui, chercher avec eux comment ils peuvent trouver une place constructive pour le bien de tous, prépare l'avenir pour ceux qui seront vieux demain. L'individualisme doit faire place à la recherche du bien de tous. Il faut sortir de clichés stéréotypés qui feraient de la jeunesse l'espoir, l'avenir, et qui assimileraient un certain âge à la non-productivité, l'inactivité, la mise à l'écart. Si nos jeunes ont autant de mal à se projeter dans l'avenir, c'est peut-être en partie parce qu'on leur donne une bien triste image du processus de la vie ! Arrêtons de figer les choses : tout âge est capable de progression et de croissance ! Et retrouvons la notion de solidarité.

Réalisons aussi, même s'il y a des problèmes réels et si notre système est maintenant en partie menacé, que nous sommes dans une situation privilégiée par rapport à bien d'autres pays. Pour mes soixante ans, ma famille et mes amis m'avaient offert un voyage. Nous sommes allés en Russie. À Saint-Pétersbourg, nous avions eu l'occasion de voir des personnes âgées demander l'aumône. Le guide nous avait expliqué qu'au temps du régime communiste, l'État prenait en charge la majeure partie des frais des logements communautaires (chauffage public en particulier). Avec la chute du régime, la survenue d'une conception beaucoup plus individualiste de la vie, les ressources des personnes retraitées ne couvrent même plus les dépenses essentielles. Après la visite guidée, j'étais repartie, seule, me promener dans la ville. J'aime pouvoir sentir une atmosphère par moi-même. À la sortie du métro, mon regard a été accroché par une très vieille dame, digne, toute droite dans un manteau très sombre, qui proposait quelques objets sur le trottoir : de ces objets que je voyais dans mon enfance, des bibelots en nacre, probablement quelques-uns de ses « trésors ». Je m'approchai et regardai. J'essayai de demander le prix d'une petite cloche. Je ne savais pas ce que j'en ferais, mais j'avais envie de donner quelque chose à cette Babouchka (nom qu'on donne aux grand-mères en Russie). Je ne comprenais rien de ce qu'elle me racontait. J'écrivis un prix sur un papier et lui tendis mon crayon. Visiblement, elle ne savait pas écrire. Je sortis alors deux billets en guise de proposition, représentant un prix qui me paraissait correct : je ne voulais ni faire la charité et blesser la dignité de cette femme, ni proposer un prix bradé. La vieille femme se mit à pleurer, à m'embrasser les mains, dans un flot de paroles que je ne comprenais pas. J'étais émue et me sentais très mal qu'un si petit geste soit aussi précieux pour elle. Elle m'a soigneusement emballé le petit objet et nous nous sommes séparées en nous serrant longuement les mains. À cet instant, j'ai eu profondément conscience de mes privilèges.

Le choc des cultures est vrai dans tous les sens. J'ai eu plusieurs fois l'occasion de parler des personnes âgées avec des Africains. Ils sont souvent très choqués lorsqu'ils voient nos maisons de retraite et entendent nos propos. Pour eux, un ancien garde toujours sa place dans le groupe où il se trouvait, et la solidarité est une valeur sacrée. Plusieurs m'ont dit que pour eux une nation se juge à la façon dont elle traite ses anciens. Cependant, je sais que certaines tribus les font monter sur un cocotier qu'ils secouent, ou les envoient dans la brousse. S'ils résistent, c'est qu'ils peuvent encore être parmi les vivants, s'ils tombent, ou ne reviennent pas, la nature se charge du reste ! Rien n'est parfait nulle part. Dans la Bible aussi, au gré de mes lectures, j'ai relevé qu'il est noté, parmi les signes de décadence d'un peuple, que la personne du vieillard n'a pas été honorée[4]. C'est à réfléchir.

La Bible parle-t-elle de la retraite ?

Non, mais elle parle du repos, après une semaine, ou après une vie de travail. Au sixième jour de la création, on voit Dieu « se reposer de son œuvre [5] ». Et ordre est donné au peuple d'Israël de suivre ce rythme-là : c'est le sabbat, observé aujourd'hui encore par les Juifs. « Souviens-toi du sabbat pour en faire un jour sacré [6] » ; « Tu te souviendras que tu as été esclave en Égypte et que le Seigneur, ton Dieu, t'en a fait sortir d'une main forte, d'un bras étendu : c'est pourquoi le Seigneur, ton Dieu, t'a ordonné de célébrer le jour du sabbat [7] ». Il est important de remarquer que dans le texte, cette observance est liée au fait d'être sorti de l'esclavage. C'est une ouverture à la position d'homme libre, et d'homme qui se souvient.

Le sabbat est un jour mis à part pour l'étude de la Bible, la rencontre familiale et communautaire. Les hommes ont pu le dévier de son sens en en faisant un jour de contrainte et de rapports parfois inhumains. C'est la raison pour laquelle Jésus s'est permis de ne pas observer le sabbat lorsque la libération d'une vie humaine était en jeu. « Le sabbat a été fait pour l'homme, et non l'homme pour le sabbat, de sorte que le Fils de l'Homme est maître même du sabbat [8]. » Le dimanche, rappel de la résurrection de Jésus-Christ, pourrait aussi avoir ce sens-là : un jour mis à part pour la prière, la famille, la communauté.

La règle de la Communauté des Diaconesses de Reuilly parle d'une « tâche » de repos. Le texte est intitulé : Repos, détendre l'arc.

> Dégage-toi, dans la mesure même où tu t'engages sans compter.
>
> Prends de la distance dans la mesure même où tu communies fraternellement avec autrui.
>
> Le cœur humain, même le plus généreux, n'est pas inépuisable. Dieu seul est illimité. À exiger sans cesse le

maximum de lui-même, l'être profond se dissocie et se perd. La parole alors devient vide et la prière inquiète.

Pour trouver un regard libre sur les événements, il faut « fuir », et se tenir, tranquille et rassemblé, devant le Maître de tout.

Du temps pour l'essentiel

Et si la retraite était cela aussi : un temps où, délivré de l'esclavage du travail, on pouvait enfin se consacrer à autre chose, dans une dimension de mémoire, d'étude de la Parole et dans une ouverture familiale et communautaire ? Dans ma bibliothèque, j'ai retrouvé un petit livre destiné à « ceux du Troisième âge », prolongeant une journée de réflexion de la Communauté de Pomeyrol, qui est chère à mon cœur, sur le sujet de la vieillesse. Il est intitulé : *Enfin du temps pour l'essentiel*[9]. Antoinette Butte, fondatrice de la Communauté, y parle de la prière. Pour elle, la prière est action dans et pour le monde. Le troisième âge peut en être le vecteur :

> Dès que nous nous engageons dans la vie de prière,
> nous avons beaucoup à faire
> nous ne sommes jamais seuls
> nous sommes engagés à fond dans la vocation du Peuple de Dieu, en communion avec tous, et au service de Dieu et de tous les hommes[10].

Prière d'intercession qui apporte les hommes à Dieu, prière de bénédiction, prière de louange, prière de combat…, la prière est acte et engagement.

J'y ai trouvé une citation de Karl Barth[11] qui m'a touchée :

> Tant qu'il était plus jeune, l'homme pouvait encore s'imaginer que c'était lui qui allait à la rencontre de son Seigneur. L'âge doit devenir pour lui l'occasion de découvrir qu'au contraire c'est son Seigneur qui vient à lui pour assumer son sort.
> La vieillesse apporte à l'homme une nouvelle et dernière occasion de libre décision et d'action véritablement

personnelle, dans la joyeuse espérance de la lumière qui vient d'ailleurs. Cette autre lumière au reste (c'est aussi pour l'homme l'occasion de s'en rendre compte) ne brille pas seulement pour lui-même, mais pour le monde entier, et pour chacun de ces gens qu'il connaît si bien ! C'est donc le bon moment pour devenir, non pas « olympien » comme le vieux Goethe, mais « ouvert » une fois encore dans toutes les directions, et par là, (sans tomber, certes, dans l'irrésolution) un peu plus indulgent, et du même coup, plus secourable.
Voilà ce qui, d'une manière toute spéciale, est offert à l'homme par la vieillesse. Il a le droit de saisir cette occasion. Et, s'il le fait (en réponse à l'appel de Dieu), son obéissance devient exemplaire pour ceux qui viennent après lui [12].

La retraite pourrait permettre de « faire retraite », de vivre un temps où l'on se retire, non pas de la vie, mais de l'agitation... pour être engagé dans la vie, d'une autre façon, mais peut-être encore plus pleinement. Au XIe siècle, le verbe retraire avait le sens de raconter, relater [13]. C'est intéressant. Cela pourrait montrer une voie : celle de se mettre à l'écart un temps, pour pouvoir accomplir cette tâche de transmission, après l'avoir mûrie. Dans la Bible, de nombreux moments de retrait, parfois 40 ans, préludent à des moments essentiels pour le peuple d'Israël.

9

Solitude et deuils, être seul n'est pas être sans lien

• Pouvoir être seul se construit dans le lien • Solitude qui construit, solitude qui détruit • À la retraite, de nouveaux liens • Les clubs du troisième âge • Des pertes incontournables • Solitude ou isolement ? • Donner et recevoir • Perdre son conjoint • La fidélité, les rites • Une solitude habitée

La canicule de l'été 2003 a provoqué comme un électrochoc en ce qui concerne la solitude des personnes âgées. On s'est aperçu que ceux qui vivaient sans lien humain régulier (sans visite, sans appel téléphonique et sans courrier) étaient nombreux et que cet isolement était un facteur de risque majeur. Malheureusement, quand l'actualité ne les met pas en relief, les problèmes sont vite oubliés.

En France, plus de la moitié des personnes qui vivent seules ont plus de 60 ans. Entre 80 et 85 ans, avec la perte fréquente du conjoint, la proportion des personnes vivant seules atteint presque 60 % pour les femmes et 35 % pour les hommes [1]. Un certain nombre d'entre elles se plaignent de solitude grave. Cela peut s'accentuer au grand âge, lorsque les limitations physiques empêchent les sorties, si le réseau de proximité ne fonctionne pas. La précarité et l'urbanisation accentuent le phénomène et font qu'il se manifeste plus précocement.

Pourquoi ces pertes de lien ? Qu'est-ce qui n'a pas pu se construire ? Comment pourrait-on y remédier individuellement et collectivement ? La question mérite que l'on s'y penche. Mais, dans le même temps, les statistiques concernant les personnes âgées dépendantes vivant à domicile font état du fait que plus des deux tiers des aides sont assurées par les proches [2]. Il reste donc une solidarité familiale, dans bien des cas. Mais le vieillissement actuel de la population et l'éclatement géographique des familles risquent de rendre la situation plus problématique dans un proche avenir.

Pouvoir être seul se construit dans le lien

Dans de nombreuses communes ont été créés des lieux d'accueil parents-enfants, sur le modèle de la Maison Verte créée par Françoise Dolto. Ce ne sont pas des garderies ni des crèches, on n'y laisse pas son enfant. Ces lieux sont faits pour les parents, les grands-parents ou les « nounous » avec leur enfant de moins de 3 ans. On y vient avec lui et on y reste avec lui. Et, paradoxalement, ces lieux sont des outils incomparables de préparation à la séparation (pour aller en crèche, à l'école maternelle…) En effet, apprendre à se séparer se construit dans la sécurité du lien. Dans ces lieux, très vite, les petits, collés à l'adulte au départ, explorent l'espace, entrent en contact avec les autres parents, les autres enfants, viennent se rassurer fréquemment, puis sont de plus en plus tranquilles et autonomes. Les adultes parlent entre eux, échangent à partir de leurs questions, voient d'autres fonctionnements. Ils sont aidés par le groupe à voir leur enfant prendre un peu de distance… Les enfants, eux, intériorisent le lien, peuvent en sentir la réalité sans avoir besoin de la proximité physique, et grâce à cela, pourront vivre paisiblement des séparations réelles, dont les parents pourront leur parler avec tranquillité.

On ne peut s'éloigner que si on a constitué une sécurité de base, si on a pu rencontrer au début de sa vie ce qu'on appelle dans le jargon psy « un attachement sécur ». Ce lien se construit dans les premières années de vie. On est là aux fondements de la capacité d'être seul, dont on retrouve la nécessité tout au long de la vie.

Solitude qui construit, solitude qui détruit

Nous avons abordé, dans le chapitre « Croître à tous les âges de la vie », les nécessaires temps de pause, de maturation. L'être humain a de la même façon besoin de moments de solitude, quel que soit son âge. Je connais de nombreuses mères de famille qui se lèvent une heure avant toute la maisonnée, justement pour avoir ce temps indispensable, où l'on n'est pas sollicité par le mouvement de la vie, du temps seules avec elles-mêmes. Dans les Évangiles, on voit Jésus se mettre à l'écart, régulièrement. Cette solitude est positive, nécessaire pour « se retrouver ». Chez le petit enfant, elle est construction progressive d'autonomie.

Tout autre est la solitude, si elle est vécue comme un abandon, comme une rupture du lien : elle n'est alors porteuse que de détresse, d'angoisse. Elle n'est pas temps de pause avant de retrouver les relations du quotidien, ou les visites qui viendront. Elle peut être un vide, un trou sans fond. Elle est le sentiment de ne compter pour personne et que personne ne compte pour vous. Et ne nous y trompons pas : la solitude destructrice n'est pas seulement le fait de personnes qui vivent seules. On est parfois très seul alors même qu'on est en couple et qu'on a des enfants.

À la retraite, de nouveaux liens

La retraite est un temps propice pour ouvrir autrement sa vie dans différents domaines.

Ainsi, j'ai vu plusieurs personnes de mon entourage développer des potentialités artistiques que la vie active leur avait imposé de mettre de côté. Certains se sont révélés pleins de talents dans des ateliers de peinture, de sculpture ou de musique. Ma maison s'est enrichie de plusieurs œuvres de gens que j'aime ! Et même si le talent est limité et les créations d'une qualité discutable, il est important d'oser faire ces activités pour soi, pour le plaisir.

Notre oncle s'est découvert un plaisir et des talents de conteur. Il a suivi des stages, s'est intéressé aux histoires de tous les pays. Il a « conté » dans les écoles maternelles, jusqu'à sa quatre-vingt-dixième année, pour sa plus grande joie et le bonheur des enfants. Une collègue médecin entretient avec passion un jardin collectif, deux fois par semaine, avec les enfants d'une école maternelle de ZUP, permettant à ces petits citadins d'apprendre à connaître les richesses et les rythmes de la nature, leur apprenant aussi à la respecter. D'autres prennent des responsabilités dans des activités associatives, humanitaires, religieuses où leurs compétences trouvent un nouvel épanouissement. Chacun peut réfléchir et trouver ce qui lui convient. À travers les exemples que je viens de donner, on voit que ces activités sont aussi le support de toute une vie relationnelle avec des personnes d'âges très différents. Cela permet, même tard dans la vie, de créer des liens de grande qualité.

Les clubs du troisième âge

Le travail est le lieu relationnel le plus important pour la plupart des gens. On y passe tout de même 7 à 8 heures par jour ! Aussi, lorsqu'on quitte son activité professionnelle, ce lien humain peut faire cruellement défaut, et doit trouver des relais. Par ailleurs, la vie de couple peut devenir étouffante : on a besoin d'autres relations. Si l'on est seul, la solitude devient pesante. Si la vie relationnelle a été riche et s'est en partie déroulée hors du travail, une partie de ces liens vont pouvoir se poursuivre, voire trouver un nouvel épanouissement. Mais cela peut ne pas être le cas, parfois aussi un déménagement a créé une distance. Et puis, lorsqu'on avance en âge, les forces s'amenuisent et il devient pesant de se rendre dans des endroits un peu éloignés.

Beaucoup d'efforts ont été faits pour proposer des activités de proximité pour le troisième âge. Certaines personnes ne veulent à aucun prix « y mettre les pieds ». Façon, peut-être, de ne pas penser qu'on a vieilli ? Il me semble qu'à un moment, il est bon de se poser la question, lorsque pour certaines activités (gymnastique par exemple) le rythme des cours où se retrouvent tous les âges est devenu trop intensif. Il ne faut rien écarter avant d'y être allé ! Car souvent, on peut s'apercevoir que l'on s'était fait une idée fausse. Lorsque je suis en vacances et que je vois tout un car de personnes du troisième âge en visite organisée, je me dis que je n'ai, actuellement, aucune envie de vivre cela. Mais je pense qu'un jour viendra où je serai heureuse de me joindre à d'autres pour faire des choses devenues impossibles par moi-même, où j'irai jouer au scrabble comme l'a fait ma mère avec grand plaisir… ou jouer aux boules avec les papés du coin !

Des pertes incontournables

La vieillesse confronte immanquablement à des pertes familiales et amicales répétées. C'est forcément une source de chagrin, de douleur. Peu à peu disparaissent des gens qui comptaient beaucoup, ou même des lieux, qui ne sont plus. « Un seul être vous manque et tout est dépeuplé » a écrit Lamartine. C'est vrai dans la période qui suit le décès. On peut ensuite, soit se replier sur sa peine et sur le souvenir des êtres chers disparus, soit rester dans la vie, sans les oublier, mais en se permettant de vivre, et en les rendant eux-mêmes vivants dans la mémoire collective, car ils peuvent être souvent évoqués avec toute leur richesse de vivants du passé. Ma mère a souvent fait part du chagrin qu'elle éprouvait à voir un à un disparaître ses amis et certains membres de la famille. Mais cela n'a pas empêché qu'elle continue à être insérée dans la vie. Je la revois un jour, assise sur une pierre, dans le petit cimetière, racontant à mes petits-enfants (ses arrière-petits-enfants) qui étaient les personnes enterrées là, évoquant de petites anecdotes qui les rendaient vivantes pour eux qui ne les avaient jamais connues !

Il y a des pertes qui sont « dans l'ordre des choses », même si elles sont douloureuses. Plus difficile, révoltant est de voir partir avant soi un frère ou une sœur plus jeunes, un enfant ou un petit-enfant, quelqu'un dont la vie était dans son plein essor. On se prépare aux pertes inéluctables : celle des parents, des plus âgés. Mais les autres sortent de la logique de la vie et nécessitent un autre travail de deuil, qui traverse les phases si bien décrites par Élisabeth Kubler-Ross : choc et déni, colère, révolte, marchandage, dépression, acceptation et reprise de la vie [3]. Il s'y mêle aussi de la culpabilité : pourquoi est-ce lui, et non moi, dont la vie est sur sa fin ? Cela ne dépend pas de notre choix !

Solitude ou isolement ?

L'isolement casse le lien présent qui pourrait exister. Il est le fruit à la fois de l'entourage social, familial ou amical, et de la personne elle-même.

Certains se mettent à l'écart ou sont mis à l'écart par un handicap : trouble moteur, impotence, surdité, baisse de la vision. Yvonne était très triste pour ses parents : ne se déplaçant plus, ils vivaient reclus. Enseignants, auparavant intéressés par beaucoup de choses, ils avaient dû abandonner toute sortie culturelle. Yvonne avait suggéré un fauteuil roulant portable pour sa mère, qui l'avait « envoyée paître avec pertes et fracas », arguant « j'aurais l'air de quoi ? ». Yvonne en a reparlé plusieurs fois, en vain. Quelques mois plus tard, Yvonne est arrivée avec une chaise louée pour la journée, et sa mère a accepté d'en faire l'essai. Elle a amené ses parents voir une exposition, pour leur plus grand bonheur. Et ils ont refait des projets, non plus comme au temps de leur jeunesse mais des projets à leur dimension actuelle, avec l'aide de leurs enfants.

Il est vraiment dommage de voir de nombreuses personnes âgées rétrécir leur vie par refus d'envisager des moyens adaptés (prothèses, aides). D'autres s'isolent à cause des défaillances de leur mémoire : « J'aurai l'air idiot si je ne trouve pas mes mots ! » Tous ces isolements sont très regrettables. Mais des choses impensables dans un premier temps peuvent devenir imaginables : il faut prendre le temps que la personne vieillissante apprivoise ses limites, ait fait le nécessaire travail de deuil de son image passée pour accepter de se montrer autrement.

Notre vieille tante, 92 ans, nous parle souvent de sa « canne vivante ». Très diminuée dans ses possibilités de locomotion, elle ne peut plus se déplacer seule hors de sa chambre. La personne qu'elle nomme ainsi vient trois fois par semaine la faire marcher. Soutenue par son bras, notre tante peut aller jusqu'au square tout proche, où jouent les petits enfants. Quelle joie pour elle d'être ainsi encore dans la vie, de pouvoir regarder ces petits, leur parler, échanger avec les mamans qui les accompagnent, car, si sa locomotion est difficile, sa langue, elle, marche bien !

Mais il faut aussi que l'entourage social, amical et religieux donne son secours. Ces dernières années, après la canicule, des programmes d'aide se sont mis en place dans de nombreux lieux avec des bénévoles. Mais rien ne remplacera, je crois, la solidarité de voisinage, de proximité, la solidarité familiale, celle de l'église. Parfois, on n'a même pas l'idée de ce que l'on pourrait apporter… Et pourtant !

J'ai connu quelqu'un qui vivait dans le noir, sans ouvrir les volets de son petit logement au rez-de-chaussée. Comme j'avais rencontré ce comportement chez des personnes déprimées, c'est l'hypothèse qui m'était tout de suite venue à l'esprit. Eh bien, pas du tout : cette dame n'avait plus la force de manœuvrer les volets roulants, et pas l'argent pour faire mettre une commande électrique, et, comme elle était en bas de l'immeuble, elle n'osait pas laisser ouvert ! Allez changer une ampoule à un plafonnier quand vous avez 85 ans et des troubles de l'équilibre ! Ça devient impossible ou dangereux ! Et on peut ainsi bêtement limiter sa vie ou son confort de vie pour des choses mineures. En effet, il faut oser demander et qu'il y ait quelqu'un qui veuille bien venir. On ne peut guère appeler un électricien pour changer une ampoule. L'entraide pourrait jouer son rôle !

Donner et recevoir

Une question est à se poser : en quoi suis-je participant à ce qui m'arrive ? En effet, l'isolement peut être aussi, en partie, refus du lien dans sa réciprocité. On voit à travers les petits exemples que je viens de donner combien il est important de cultiver les relations de voisinage, d'amitié, de famille tout au long de sa vie. « Tu as bien de la chance d'être entourée comme ça », disait une dame à une autre. Non, ce n'est pas de la chance, ce n'est pas le fruit du hasard, dans la plupart des cas. Cela se construit.

C'est le tissu relationnel que nous avons créé au fil de notre vie qui fait qu'il se passe encore quelque chose à sa fin. Et cela n'est pas seulement lié au nombre des enfants ou petits-enfants que l'on a eus. Créer des liens puis les entretenir est important du début à la fin de la vie. Certaines personnes savent vraiment le faire, correspondant avec fidélité avec ceux qui sont partis au loin ou sont trop vieux pour se déplacer. Et bien sûr, au bout du compte, cela se retrouve en termes de richesse des relations.

Certains sont, à leur insu, dans le refus du lien adulte, cherchant à retrouver un impossible lien originel qui comblerait leurs attentes. André Berge en parle ainsi :

« Entre adultes — et quelles que soient les circonstances — il ne saurait y avoir de symbiose totale : il ne peut y avoir que des dons et il faut que ces dons soient mutuels pour que s'établisse un véritable échange, capable de dissiper l'impression d'isolement. Cette impression est probablement liée à une perturbation dans les échanges, soit que l'individu ne sache pas donner, ni surtout se donner vraiment, soit qu'il ne sache pas recevoir, oubliant d'ailleurs que savoir recevoir est une autre façon de donner. Ceux qui ne savent pas recevoir se croient toujours frustrés, car ils sont portés à croire qu'ils ne reçoivent rien parce qu'on ne leur donne rien, sans se rendre compte que c'est eux qui n'osent pas saisir ce qu'on leur offre, ou même qui le rejettent, faute d'y reconnaître l'impossible offrande dont ils rêvent confusément et qui serait susceptible de leur faire retrouver le paradis perdu de la toute petite enfance[4] ».

Certaines personnes ont peur qu'un lien leur fasse perdre leur liberté. Ils sont, non pas dans la joie de la rencontre, mais dans les convenances contraignantes : ils pensent d'emblée qu'il faudra « rendre » l'invitation, ou qu'il faudra mettre « les petits plats dans les grands », donc ils n'invitent pas !

Mon mari m'a beaucoup appris sur ce plan : il a toujours invité très facilement. Lorsque nous nous sommes connus, son menu rituel de réception était : petits pois et maquereaux au vin blanc (en boîte, bien sûr) ! J'ai apporté quelques améliorations, mais nous avons gardé l'esprit : c'est la rencontre qui compte, pas le contenu des assiettes, même s'il est bien agréable de faire un bon repas. Nous évoquons encore parfois un souvenir précieux : le premier repas que nous avons pris chez des personnes qui sont devenues de grands amis, mais qui, ce jour-là, m'avaient presque choquée — en tout cas déconcertée par rapport à mes représentations sociales. Invités dans un appartement côté chic du 17e arrondissement de Paris, nous avions mangé des croque-monsieur, de la salade et un fruit ! J'étais sidérée ! J'ai su plus tard que c'était le menu du dimanche soir, et que, vu le nombre de personnes qui étaient accueillies à leur table, alors qu'ils avaient quatre enfants, ils préféraient ouvrir leur maison en partageant leur quotidien que la fermer aux autres. Et ils avaient bien raison !

La relation devrait toujours avoir la première place. C'est une valeur de l'évangile. L'important, c'est la rencontre, la réciprocité. Les rencontres de Jésus sont explicites. Il demande et accepte quelque chose de l'autre : « Donne-moi à boire ? » dit-il à la femme samaritaine[5].

Perdre son conjoint

Dans l'échelle des stress, c'est le changement le plus difficile. Et l'on peut, à tout âge, s'empêcher de vivre parce que l'autre est parti.

J'ai eu à aider une jeune fille. Son père était marin. Il est mort en mer alors qu'elle avait 4 ans. Sa jeune maman, très secouée par cette disparition, s'est repliée avec ses deux filles, formant un petit cocon hors du monde. Et puis, les années passant, le cocon est devenu une douce prison, puis un carcan difficile à supporter mais impossible à rompre par peur de faire du mal aux autres. J'ai rencontré cette maman : vraiment sympathique, encore jeune et jolie, elle ne s'était pas autorisée à vivre, comme si la fidélité à son premier amour le lui avait interdit. Elle a pu sortir de cette position, trouver du travail, puis plus tard un compagnon, ce qui a permis à ses filles de s'envoler sans culpabilité. Après quelques années de vie de couple seulement, il peut en être ainsi. Alors, que dire lorsque la séparation survient après un très long compagnonnage, après toute une vie envisagée et vécue à deux ?

D'après ce que je vois autour de moi, peu de veufs restent seuls, beaucoup reforment un couple, parfois très vite, ce qui peut être difficile à accepter pour les enfants. Les femmes, très souvent, font face à la vie solitaire, ce qui ne veut pas dire que cela ne soit pas difficile. Une de mes proches, veuve précocement alors que les enfants n'étaient pas encore élevés, m'a fait prendre conscience d'une chose importante. Elle m'a dit : « Finalement, le moment où mon mari me manque le plus, ce n'est pas pour les questions les plus importantes, parce que je trouve toujours quelqu'un avec qui échanger, c'est au niveau du quotidien. Ce sont les petits riens que l'on dit à l'autre : « J'ai rencontré untel », « les salades sont sorties »... Je ne vais pas téléphoner à quelqu'un pour lui dire ça ! Eh bien, c'est ce lien qui me fait le plus défaut ».

On pense souvent aux choses matérielles : il ou elle ne saura pas se débrouiller pour la cuisine, le ménage, ou pour les papiers, les impôts. Mais finalement cela s'apprend, et il y a des aides possibles. Mais ce partage au fil d'une journée, impalpable et pourtant si présent, c'est cela qui manque cruellement. Se retrouver seul à table est une expérience difficile, qui amène souvent à se nourrir mal. Certains hommes mangent tous leurs repas au restaurant, pour ne pas être seuls, malgré l'incidence catastrophique sur leur budget.

Plusieurs personnes trompent l'absence par un dialogue intérieur : « Il (elle) est toujours là. En fait, je me dis qu'il aurait été content, ou fâché, ou que je le lui aurais raconté... et ça m'aide ! »

On peut se préparer afin que chaque membre d'un couple ne soit pas trop démuni si l'autre disparaît, en partageant mieux les tâches, en faisant à deux différentes formalités. Il n'empêche que celui qui reste a tout un chemin à faire. Au-delà du choc premier, il faut veiller à ne pas se refermer sur la solitude, mais à garder sa vie ouverte. Et puis, je crois que l'on découvre dans les grandes épreuves des forces insoupçonnées, des ressources que nous ignorions avoir.

Pour les chrétiens, la pensée que, si nous sommes encore là sans l'autre, les forces nous seront données, ainsi que l'espérance d'un revoir futur, sont d'un grand soutien. La Bible ne l'affirme-t-elle pas ? « Dieu est digne de confiance : il ne permettra pas que vous soyez mis à l'épreuve au-delà de vos forces ; avec l'épreuve il ménagera aussi une issue, pour que vous puissiez la supporter[6]. »

Il arrive que la perte ne soit pas du seul fait de la mort. Ce sentiment peut être éprouvé lorsqu'un des membres d'un couple vieillit très mal, se repliant de plus en plus sur lui-même, ou est atteint d'une maladie psychique dégénérative. L'autre est là, mais le lien n'y est plus. Il est important que le conjoint ne se laisse pas sombrer avec l'autre, se donne le droit de continuer à être dans la vie, et qu'il ne reste pas seul.

La fidélité, les rites

Certains sont pleins de bonne volonté, désirent répondre à l'attente des personnes en détresse, isolées. Mais parfois il leur manque une chose : réfléchir sur le long terme, ne proposer que ce que l'on est sûr de pouvoir tenir dans la durée, car sinon, cela engendrera un abandon de plus qui ne fera que renforcer le sentiment qu'on ne peut faire confiance à personne et qu'on ne compte pour personne. Mieux vaut aller voir quelqu'un fidèlement une fois tous les trois mois, que s'y précipiter quatre fois d'affilée, puis ne plus donner signe de vie pendant plusieurs semaines. Ma vieille tante aime que nous la prévenions de nos venues : « Ainsi, nous dit-elle, je peux m'habiller le cœur ». Elle tire cette expression de Saint-Exupéry qu'elle aime autant que moi :

> Il eût mieux valu revenir à la même heure, dit le renard. Si tu viens, par exemple à quatre heures de l'après-midi, dès

trois heures, je commencerai d'être heureux. Plus l'heure avancera, plus je me sentirai heureux. À quatre heures, déjà, je m'agiterai et je m'inquiéterai : je découvrirai le prix du bonheur ! Mais si tu viens n'importe quand, je ne saurai jamais à quelle heure m'habiller le cœur. Il faut des rites.
Qu'est-ce qu'un rite ? dit le petit prince.
C'est aussi quelque chose de trop oublié, dit le renard. C'est ce qui fait qu'un jour est différent des autres jours, une heure, des autres heures[7]. »

Ce texte parle de lui-même.

Ces relations patiemment construites, dans le respect du rythme de chacun, peuvent résister à l'épreuve du temps. La fidélité de Dieu, qui fait alliance avec l'homme et reste fidèle à sa parole, nous indique la direction.

Une solitude habitée

Dans la Bible, les temps durant lesquels Jésus se retire, se met à l'écart, sont pleins d'enseignements : Qu'y trouve Jésus ?

Harcelé par la foule, il se met momentanément en retrait : « Mais lui se retirait dans les déserts et priait[8]. ». De très nombreux textes font mention de Jésus allant ainsi dans des lieux déserts ou sur la montagne pour prier. Il trouve, dans la prière, dans le lien avec le Père, un ressourcement qui lui permet de repartir dans le combat de la vie. Mais sa prière n'est pas que cela : tout le chapitre 17 de l'Évangile de Jean contient la longue prière de Jésus qui confie ses disciples à son Père, au moment où lui-même sait qu'il va vers la mort. Jésus est habité par ceux qu'il aime, qui l'ont accompagné.

Une amie malade écrivait : « Je ne suis jamais seule. Vous tous, mes amis, vous êtes à l'intérieur de moi. Je pense à chacun de vous. Je prie pour chacun de vous. » La prière est une grande force de lien : elle est à la fois présence des autres, très forte, très profonde, et dépôt des fardeaux trop lourds auprès de Dieu, dans la confiance.

Dieu, pour moi, est cette présence qui m'accompagne au

fil des jours, avec laquelle je me lève et qui est là quand je m'endors. Je me fonde sur sa promesse : « Quant à moi, je suis avec vous tous les jours, jusqu'à la fin du monde[9]. » C'est ce que je sens, même s'il peut y avoir des temps de doute ou de désert.

10

La mémoire, l'oubli, le pardon, la hantise de l'Alzheimer

• Des rencontres qui font mémoire • Des souvenirs insoutenables • Un pont subjectif entre passé et présent • Le pardon n'est pas l'oubli • Un devoir de mémoire • Les troubles de la mémoire lors de la vieillesse • Solliciter la mémoire • Alzheimer ou baisse banale ? • Dans le cas de démence avérée • Ne pas aggraver la déficience

J'ai reçu il y a quelque temps un petit carton d'invitation tout simple :

« Christine invite ses amies pour un petit goûter. Tel jour, telle heure »

Nous voici réunies : contrairement à la parabole du festin, dans le Nouveau Testament, dans laquelle les invités trouvent tous un prétexte pour s'excuser, nous étions toutes présentes, quinze amies de Christine invitées ce jour-là. Nous nous connaissions pour certaines, pour d'autres non. Après nous avoir expliqué qu'elle avait souhaité fêter avec nous « sa dernière année de 2e âge », la maîtresse de maison proposa un petit jeu afin que nous fassions davantage connaissance, au travers du lien qui nous unissait à elle. Elle disait un ou deux mots, et si l'une de nous reconnaissait quelque chose ayant un lien avec notre histoire commune, elle devait se présenter et raconter l'histoire qui y était rattachée. J'eus la primeur, en tant qu'amie la plus ancienne parmi les invitées du jour (39 ans d'amitié), avec le mot « hachis Parmentier ». C'est en effet une de mes spécialités. Les filles de Christine, avec une partialité évidente, ont toujours estimé que leur mère ne m'arrivait pas à la cheville en ce qui concernait ce plat ! (On peut régler ses comptes à travers des choses inoffensives, et c'est très bien !!) À travers les différents mots choisis, nous avons vu ressurgir des tranches de vie. C'était tellement vivant et convivial !

Des rencontres qui font mémoire

Alors que je suis en train de rédiger ce chapitre, voilà que refait irruption un autre moment de ma vie. Le téléphone sonne : « Bonjour, je suis Mireille. Ça te dit quelque chose ? » Bien sûr, ça me dit quelque chose : instantanément je nous revois au lycée, en classe de 3e, elle avec ses longs cheveux tressés, moi avec mes cheveux bouclés, quelque peu dissipée. Elle voulait faire appel à moi comme psychiatre pour un de ses proches, ayant su que j'étais dans la région par un de mes collègues. Je lui annonce que je suis à la retraite, mais nous parlons un petit moment et décidons de nous revoir. C'est émouvant : nous étions ensemble au lycée, de la 6e à la 3e. Lorsque nos chemins se sont séparés, nous avions 14 ans. Cela fait exactement 50 ans ! Lorsqu'elle arrive, je la reconnais immédiatement : c'est bien son regard. Nous étions de bonnes copines, et tout de suite nous entamons des allers-retours entre le passé et le présent, et parlons des étapes de nos vies que nous ignorions… Cela se fait avec facilité, comme si les années passées n'avaient rien entamé de notre connivence d'autrefois. Elle me rappelle comment, à trois, nous avions écrit une pièce en trois actes mettant en scène un professeur que nous détestions, et étions allées mettre notre œuvre dans son casier en salle des professeurs ; moi, comment nous mettions le bureau au ras du bord de l'estrade, en prévenant la rangée de devant, de sorte que, lorsqu'énervée par la classe, elle s'appuierait sur le bureau, celui-ci basculerait ! Quel bon moment passé à évoquer tous ces souvenirs et les gens que nous aimions ! Mais plusieurs ont disparu. Un voile de tristesse passe lorsque nous pensons à l'une ou l'autre. Et nous voilà des dames de 64 ans, retrouvant à nouveau nos émotions et nos rires d'enfants !

Il y a quelques années, je roulais sur l'autoroute vers Marseille. Je me rendais à l'ensevelissement d'Anne Caïn, une des personnes qui a le plus marqué ma route professionnelle. J'étais triste. J'aurais aimé profiter encore un peu de son soutien attentionné et de son expérience. Au bord de l'autoroute, les genêts étaient d'un jaune flamboyant et les lilas d'Espagne mêlaient leur mauve tendre à ce tableau. Aujourd'hui, je ne peux plus voir ces fleurs mêlées sans que survienne le souvenir d'Anne. Je n'éprouve plus de nostalgie mais de la reconnaissance pour tout ce qu'elle m'a permis de découvrir.

« Tu seras triste », dit le petit prince… « Bien sûr », dit le renard.

La mémoire, c'est donc ce qui fait ce lien si riche entre présent et passé, qui donne une assise à notre existence comme histoire singulière et garde trace de nos relations. Par contre, il y a des choses que l'on préférerait pouvoir oublier.

Des souvenirs insoutenables

Dans un chapitre précédent, j'ai mis en relief combien l'enfant a un besoin vital de se sentir accompagné par une présence fiable. Il ne faut pas croire que c'est une caractéristique de la seule enfance. Cela est vrai tout au long de la vie. J'en ai rencontré des exemples éclairants.

Lors d'un congrès, il y a quelques années, j'avais entendu une communication qui m'avait donné à réfléchir. Ce psychiatre, affecté à un service de réanimation, avait pour mission de s'occuper des personnes qui ne sortaient pas du coma, alors que leur état médical faisait penser qu'elles auraient dû en émerger. L'hypothèse était qu'ils avaient, éventuellement, des raisons de ne pas vouloir en sortir, que la réalité à affronter leur faisait trop peur dans l'état de faiblesse où ils étaient. Le psychiatre rencontrait les proches, si cela était possible, et les faisait parler de la vie de celui qui était dans le coma. Il parlait ensuite au comateux, disant qu'il avait peut-être une situation difficile à affronter, évoquant ce qui lui était apparu en rencontrant les siens et il lui affirmait qu'il l'accompagnerait pour faire face à ce qui lui semblait trop difficile ou trop douloureux. Et ce psychiatre nous a dit qu'il avait eu plusieurs fois la surprise de voir le malade commencer à ouvrir les yeux, puis émerger du coma dans les heures suivantes.

Durant six années, j'ai été psychiatre attachée à l'hôpital général. Je voyais, entre autres, les personnes qui avaient fait une tentative de suicide. Les suicidants, pour la plupart, n'affirment pas un désir de mourir mais expriment le besoin de ne plus être confrontés à quelque chose d'insoutenable à quoi ils ne voient aucune issue : mieux vaut la mort que de vivre cela. Mais tout devient différent, au moins dans certains cas, si l'on se sent accompagné.

Pour le chrétien, la promesse de Dieu d'être là, avec celui qui le lui demande, dans tous ces moments difficiles de doute, de souffrance, peut être un point d'appui qui change le sens des choses.

Ceux qui ont été mêlés de près aux atrocités des guerres ont ce besoin d'oublier, essaient de mettre de côté les choses inhumaines auxquelles ils ont été confrontés. Mais cela ne se fait pas sans dégât. De même, ceux qui ont eu à vivre des situations familiales ou sociales terribles peuvent tout refouler pour moins souffrir ou parce que c'est « non pensable », insoutenable.

Je me souviens d'un « débriefing » avec des secouristes, après une intervention très éprouvante pour eux. Le médecin, spécialiste venu de Paris pour cela, leur a répété toute la journée : « Quelles que soient vos réactions, que vous ne dormiez plus ou que vous fuyiez dans le sommeil, que vous en parliez sans arrêt ou que vous ne puissiez pas en parler, dites-vous bien que vos réactions sont toutes normales, par rapport à une situation qui, elle, est anormale. L'être humain n'est pas fait pour voir des corps déchiquetés. » Dans des circonstances semblables, chacun gère ce qu'il a vécu comme il le peut. Nous n'avons à juger ni nos propres réactions, ni celles des autres. C'est vrai aussi dans la vie courante : souvent, chacun fait du mieux qu'il peut avec les choses très difficiles.

Un pont subjectif entre passé et présent

Paradoxe : la mémoire ne concerne pas seulement le passé : elle implique à la fois le passé et le présent. Elle est trace et remémoration. Tout s'inscrit. Freud comparait l'appareil psychique à ces ardoises magiques dont se servent les enfants : elles peuvent être effacées, et cependant, à l'arrière de la surface effacée, une trace se maintient[1].

Nous ne pouvons pas nous passer de mémoire : nous avons besoin de repères, d'appartenance, d'un lien de continuité qui donne une unité à notre existence. Il y a notre mémoire individuelle, personnelle, et la mémoire collective. Toutes deux sont importantes et s'entrecroisent. Notre mémoire est indispensable pour construire l'histoire de notre vie, pour en sentir la densité, la continuité. Mais il faut savoir que notre souvenir est subjectif. Un événement vécu à plusieurs ne laissera pas la même trace chez chacun. Il s'inscrit d'une façon singulière dans chaque histoire particulière.

Si les mauvais souvenirs sont bien encombrants, au point même parfois de devoir être rejetés dans l'oubli ou le refoulement, les bons souvenirs, eux, continuent de nourrir notre vie : on y repense, on les savoure. Dans la vieillesse, ce phénomène s'accentue. Au moment où la vie devient moins riche en rencontres, en sensations diverses, beaucoup de personnes âgées repartent dans les souvenirs d'antan. C'est un peu lassant quand elles les répètent pour la dixième fois à leurs proches, mais c'est sans doute, pour elles, faire retour à un temps où elles se sentaient avoir une pleine existence, une valeur humaine, sociale. C'est le moyen également de faire le « travail de deuil » de cette époque révolue. Pour certains événements douloureux, peut-être est-ce une manière de les assimiler un peu plus ?

Lorsque la vieillesse évolue vers une sérénité profonde, beaucoup de personnes âgées disent qu'elles « ne se souviennent plus que des moments heureux ». Ce sont ceux-là qu'elles repassent dans leur cœur. Pour le reste, le pardon est venu faire son œuvre.

Le pardon n'est pas l'oubli

J'entends souvent, dans les milieux chrétiens : « Il faut » pardonner, oublier, passer l'éponge. Non, le pardon n'est pas cela. Le pardon est ouverture à l'autre, au-delà de ce qu'il a fait et qui nous a blessés. De ce fait, le pardon est la résultante d'un chemin.

En premier lieu, il est important que le préjudice soit nommé : ce qui s'est passé là m'a fait très mal. Paradoxalement, il faut en vouloir à l'autre pour pouvoir lui pardonner. En effet, le pardon est la remise d'une peine méritée. En deuxième lieu, il faut cesser d'identifier le coupable à sa faute. Quand nous sommes en colère ou blessés, nous avons tendance à ne voir l'autre qu'au travers de cela, à le rejeter en bloc. Il faut sortir de cette assimilation. Lorsque ce chemin s'est fait, on peut dire non plus « tu es... insupportable, méchant » mais « quand tu as fait cela, ou dit cela, tu m'as fait beaucoup de mal, ou de tort ». Ce n'est pas pareil. La troisième étape, pour celui qui fait ce chemin vers le pardon, est d'être disposé à une reprise de la relation, au-delà de ce qui a eu lieu. C'est la disposition au pardon.

Car la reprise de relation ne peut survenir entièrement que si l'autre fait un chemin parallèle : reconnaître le mal qu'il a fait, pouvoir en demander pardon. Bien sûr, dans de nombreux cas, les deux personnes ont à demander pardon et à pardonner, en particulier dans le cadre des relations familiales, car les torts sont le plus souvent entremêlés.

L'évangile nous appelle au pardon. Jésus ne dit-il pas de pardonner soixante-dix fois sept fois[2], ce qui veut dire toujours ?

Cela nous paraît impossible — de fait, ça l'est — car nous sommes humains. Mais il nous montre la direction. Le pardon que nous accordons aux autres n'est que le pâle reflet de celui qui nous est accordé par Dieu, qui laisse toujours la porte ouverte à ses enfants prodigues. La grâce est cela : non pas la grosse éponge, mais la remise d'une peine méritée. L'ayant expérimentée dans sa relation avec Dieu, le chrétien est appelé à faire de même dans ses relations humaines[3].

Il y a des gens qui n'ont pas souvent le sentiment qu'on leur fait du tort, et d'autres qui semblent avoir des motifs très fréquents de blessure relationnelle. Je crois que plus on va bien, mieux on est en soi-même, et plus on est tranquille et tolérant envers les autres. Lorsqu'on va mal, on projette souvent sur les autres l'origine de son mal-être, et on se sent fréquemment blessé. On peut tout interpréter comme une attaque personnelle, même des choses qui appartiennent à l'autre. Il est important de réfléchir à cela. Par ailleurs, la rancune ronge celui qui en est porteur, le mal continue ses ravages. À la dernière étape de la vie, on voit des personnes ne pas arriver à mourir parce qu'un pardon n'a pas pu être donné, même intérieurement. Beaucoup de soignants en sont les témoins impuissants. La mort peut advenir lorsque la personne a trouvé la paix.

Le pardon de Dieu peut également être une question lancinante. J'ai bien connu une vieille dame lorsque j'étais adolescente. Elle m'impressionnait beaucoup. Je n'aimais pas beaucoup l'embrasser, car elle était un peu « baveuse », mais je l'admirais : sa vie était tout entière faite de dévouement. Elle avait tout donné à Dieu : son temps, sa vie, son argent. Et pourtant elle n'était pas en paix. À ses yeux ce n'était pas encore assez. Elle avait peur de ne pas « mériter » le salut, l'amour de Dieu. Ce fut une révélation pour elle lorsque mon père, qui fut son pasteur, lui parla de l'amour inconditionnel de Dieu, du sens de la croix de Jésus-Christ, qui nous libère de la peine que nous méritions lorsque nous l'acceptons. Ce fut pour elle une résurrection. Elle continua ses bonnes œuvres, mais pour d'autres raisons : non plus pour gagner son salut, mais par bonheur de le faire pour ce Dieu qu'elle découvrait. « En fait, ce sont nos souffrances qu'il a portées, c'est de nos douleurs qu'il s'était chargé (...) Il était transpercé à cause de nos transgressions, écrasé à cause de nos fautes ; la correction qui nous vaut la paix est tombée sur lui, et c'est par ses meurtrissures que nous avons été guéris[4]. » Nous ne pouvons comprendre pleinement ce texte que si nous réalisons que Dieu est à la fois justice et amour, et qu'en Jésus-Christ, c'est Dieu lui-même qui se donne.

Un devoir de mémoire

On se souvient des propos tenus après la dernière guerre : « Pardonnez, mais n'oubliez jamais ».

Tant au niveau individuel qu'au niveau de l'histoire collective, se souvenir est la première étape pour pouvoir tirer profit des expériences du passé, afin de ne pas renouveler les mêmes erreurs et de mieux construire l'avenir. Nous ne savons pas trop le faire, chacun pour notre compte, et dans nos différents pays. Il faut se remettre sans cesse à l'ouvrage.

Nous fonctionnons beaucoup dans l'événementiel. Dans l'actualité, un événement chasse l'autre. Nous devons être vigilants à maintenir cette mémoire vivante qui garde trace des choses importantes et continue à y réfléchir.

Par contre, il est important de ne pas se charger de tout le passé en permanence. La mémoire nous sert, justement, à ce que tout ne soit pas présent et actuel, à pouvoir en mettre une partie hors de notre conscience, jusqu'à ce que nous en ayons besoin.

Il faut savoir lâcher. On peut abandonner auprès de Dieu ce qui nous encombre : « Venez à moi, vous tous qui peinez sous la charge ; moi, je vous donnerai le repos [5]. » Quelqu'un a décrit ce que l'on a ensuite appelé de son nom : l'effet Zeigarnit. Cela consiste en ceci : une chose non terminée reste encore présente et ne peut être classée. Cela devrait nous inciter à aller jusqu'au bout dans chaque tâche, chaque conflit à liquider !

Les troubles de la mémoire lors de la vieillesse

Mais alors, au fil de la vie, que devient la mémoire ? S'altère-t-elle forcément ? Y peut-on quelque chose ? Qu'oublie-t-on ? Le fantôme de l'Alzheimer traîne dans bien des têtes… même si la plupart d'entre nous en parlent sur le mode de la plaisanterie, de la dérision. Nous avons tous du mal à accepter de ne pas trouver le mot juste, ou le nom que nous cherchons. Cependant, bien souvent, cela nous est déjà arrivé, alors que nous étions beaucoup plus jeunes. Mais cela était moins inquiétant alors.

J'ai travaillé dans un institut pour enfants sourds. Un jour, lors d'une synthèse, le directeur me demanda tout à coup si je pouvais expliquer les différents types d'aphasie : ce fut le blanc complet, comme aux pires examens oraux pendant mes études. Voyant mon embarras, cet homme très gentil me dit que ce n'était pas grave et qu'on en reparlerait à un autre moment. Sur le chemin du retour, en voiture, j'aurais pu faire un cours complet sur les aphasies ! Le facteur émotionnel joue un grand rôle : plus on redoute de ne pas savoir, et plus cela crée une inhibition du processus. Le statut de la personne que nous avons face à nous joue un rôle aussi. Ces phénomènes interviennent également dans la vieillesse, bien sûr, comme aux autres périodes de notre vie. Mais cela n'est pas imputable au seul vieillissement !

Cependant, il est indéniable que la mémoire peut « jouer des tours » à un certain âge !

Certains spécialistes de la vieillesse, comme le Dr Guillet auquel j'ai déjà fait allusion plusieurs fois, se posent des questions : « L'amnésie de la vieillesse n'est-elle pas une tentative de gommer le temps et l'état de vieillesse, une façon de fuir et de refuser la signification de la vie[6] ? » Je le dirais un peu autrement : ne pourrait-elle pas, dans certains cas, être une tentative de refuser la finitude, ce qui, sur un plan spirituel, serait comme un refus d'être des « créatures », une volonté d'être son propre créateur ? Accepter vraiment de vieillir nécessite une humble acceptation de la condition humaine.

D'autre part, « quand on se sent vieux, moche, inutile, quand on a l'impression d'un futur très court dans lequel on n'a pas le temps de faire des projets, on a tendance à valoriser sa vie d'autrefois et à se détourner de sa vie actuelle. Ce manque d'attention et d'intérêt explique en partie les amnésies immédiates[7] ». En effet, c'est l'enregistrement des faits récents qui est le plus souvent et le plus précocement altéré, d'où un trouble de la mémoire de fixation.

Dans le processus de tout travail de deuil, à n'importe quel âge de la vie, une des étapes consiste à réévoquer des temps où le défunt était là, pour accepter peu à peu que « c'est vraiment fini ». N'y aurait-il pas là un besoin de la personne âgée, se remémorer le passé pour en accepter la perte sans retour, pour permettre de s'en séparer, mais aussi pour ranimer la vie, au travers de ce passé : oui, ils ont été bien vivants ?

On croit qu'on oublie parce que nos neurones meurent et ne se renouvellent pas ; en fait, même au grand âge, des milliers de neurones sont intacts, et des quantités de connexions restent encore disponibles. Mais d'autres facteurs, ainsi que nous l'avons vu, entrent en jeu.

Solliciter la mémoire

Pour celui qui sent sa mémoire s'effilocher, l'humour est une parade qui permet de sauver la face : « Au moins j'oublie les "crasses" que l'on m'a faites. C'est une grâce d'oublier ! »

La mémoire se dégrade si l'on ne la cultive pas. Ceux qui gardent des activités, qui lisent, jouent au scrabble, ont une vie sociale, gardent plus longtemps leurs capacités de mémoire. Certaines personnes de plus de 90 ans ont une mémoire bien meilleure que celle de nombreuses personnes jeunes !

Françoise Dolto a appris à parler aux bébés, il faut apprendre à parler aux personnes âgées.

« On oublie parce qu'on est oublié » dit le Dr Guillet[8].

Dans certains clubs du troisième âge, on fait des « ateliers mémoire ». Ils s'avèrent très utiles pour maintenir les capacités. Mais on peut exercer ses facultés dans le quotidien : par exemple en ne regardant la liste de courses qu'une fois tous les achats terminés, seulement pour vérifier.

Pendant une dizaine d'années, j'ai rendu visite à une personne qui se trouvait en maison de retraite, dans un entourage où de nombreuses personnes avaient une démence avérée. Chaque mois paraissait un petit journal des résidents : des nouvelles, des recettes de cuisine mais aussi le récit de la vie de l'un des pensionnaires. J'ai été stupéfaite de la richesse des vies évoquées. Or, bon nombre d'éléments avaient été fournis par chaque personne elle-même, qui, sollicitée à parler de son passé, le faisait avec une présence étonnante, compte tenu des troubles qui étaient les siens. Les vieux, même amoindris, ont des choses à dire… si on a l'idée de les leur demander !

L'aumônière d'une maison de retraite me racontait comment elle avait demandé à une vieille femme habituellement peu communicative, ayant de lourds handicaps sensoriels, de lui parler de son village. Elle l'avait vu s'animer, se mettre à parler comme elle ne l'avait jamais fait jusque-là. Cette même aumônière fait chanter les résidents. Des personnes même très atteintes dans leur intégrité psychique aiment y venir et chantent, retrouvant de façon surprenante airs et paroles de chants populaires ou de cantiques.

La mémoire est du côté de la vie, a contrario l'oubli est du côté de la mort symbolique : à l'extrême, on n'existe plus pour personne, et personne n'existe pour nous.

Alzheimer ou baisse banale ?

Un jour, lors d'une émission radiophonique, j'ai entendu un gérontologue donner un exemple éclairant : « Si vous êtes allé au cinéma, et que le lendemain, vous n'êtes plus en mesure de vous souvenir du titre, du réalisateur, ni du nom de l'acteur principal, il n'y a rien de bien grave ! Par contre, si même avec un rappel de la trame du film, cela ne vous rappelle toujours rien… alors il vaut mieux consulter ; encore plus si vous ne vous souvenez plus être allé au cinéma ! »

Il faut oser consulter, si l'on a des troubles, car certaines démences sont liées à des pathologies qui peuvent être traitées, au moins partiellement. Il peut également s'agir d'un état dépressif qui prend la forme d'une pseudo-démence. Je veux préciser ici que le mot *démence* n'a aucun caractère péjoratif ou méprisant : c'est le mot médical qui caractérise la détérioration des facultés mentales. Par ailleurs, il y a des traitements susceptibles d'en ralentir l'évolution.

Mais on a peur (c'est normal !), on préfère parfois ne pas

savoir, comme si cela empêchait que cela existe… C'est dommageable. Il faut dépasser sa peur.

Dans le cas de démence avérée

Que ce soit réellement une maladie d'Alzheimer, ou que ce soit une autre forme de démence, il est important que chacun soit aidé, accompagné, aussi bien le patient que l'entourage proche.

En effet, c'est très dur pour celui qui sent s'échapper sa lucidité, qui essaie pendant longtemps de le cacher sous une façade sociale, mais qui, n'y parvenant pas, se replie peu à peu, désinvestissant les choses et les liens. C'est très dur aussi pour ceux qui sont autour, qui « perdent » peu à peu celui qu'ils aiment, qui n'est plus vraiment là, alors qu'il est encore vivant.

Lorsque la maladie s'aggrave, que les proches ne sont même plus reconnus, ou seulement par moments, c'est encore plus éprouvant. Parfois même, les propos tenus donnent un éclairage très dérangeant sur d'autres étapes de la vie : je pense à une amie dont la mère avait une démence. Lorsqu'elle arrivait, sa mère la prenait parfois pour sa propre mère, elle était alors tendre et gentille. D'autres jours, elle pensait qu'elle était son mari, mort précocement pendant la guerre ; elle se montrait alors d'une grande agressivité, ce qui plongeait mon amie dans le désarroi : « Mais quelle a donc été la relation de mes parents, pour qu'elle soit ainsi ? »

Les connexions psychiques sont parfois un peu étranges : ainsi, la mère d'autres amis est tout à fait capable de prendre le bus pour se rendre au centre de jour qui l'accueille quotidiennement, et se perd systématiquement lors du trajet retour… Maintenant, elle est accompagnée pour ce seul trajet. Alors que je mangeais avec eux un soir, elle m'a tout à fait reconnue, appelée par mon prénom, évoquant mon mari et des moments que nous avions partagés. Une heure plus tard, elle n'était

« plus là » et quand j'ai pris congé, elle m'a dit : « Au revoir, madame » et à son fils : « Au revoir, monsieur » ! Tout cela est bien douloureux pour les proches.

Aussi ne faut-il pas hésiter à utiliser les services existants. Il ne faut pas rester en vase clos, car on finit par s'épuiser ou on bascule dans le rejet, l'agressivité.

En fin d'évolution, il arrive un stade où les choses ne sont plus gérables et nécessitent la plupart du temps un milieu sécurisé et spécialisé.

Ne pas aggraver la déficience

Semblant mort à son passé, mort à ce qui l'entoure, le patient atteint de démence a toujours cependant une étincelle de conscience. Une démence peut rester légère, ou au contraire devenir lourde et invalidante.

Il faut toujours solliciter ce qui peut rester de la personne, sinon l'enfermement intérieur se double d'une non-existence pour les autres. Si l'on parle à la 3e personne de celui qui est là, que peut-il faire si ce n'est « s'absenter » encore plus de la relation ? Mais c'est tellement difficile pour ceux qui sont autour !

En ce qui concerne l'entourage, je disais l'importance de ne pas être seul, de pouvoir en parler, de savoir se préserver, d'avoir d'autres lieux, de pouvoir souffler afin de conserver une attitude saine et respectueuse envers celui dont la raison se perd. En effet, l'exaspération, le rejet ou la surprotection ne font qu'aggraver le processus.

Il est important de réaliser que, derrière la faillite de la raison, il y a une personne à laquelle on peut s'adresser, même si le lien est bien ténu. La prise en charge partielle du malade dans un lieu d'accueil de jour est souvent une très bonne solution. La personne y est sollicitée activement, il y a une certaine vie sociale. Tout ce qui peut être maintenu permet un mieux-être.

À un stade plus tardif, certaines petites « pensions » sont

parfois la solution la plus adaptée. La personne démente peut y trouver de nouveaux repères, dans un cadre suffisamment restreint pour que ce soit intégré. Mais il existe trop peu de ces lieux.

Je crois que l'avenir nous obligera à être inventifs. Les églises ont souvent été novatrices, dans des secteurs encore mal pris en charge par la communauté sociale. Peut-être y a-t-il là un terrain où l'amour que Dieu fait naître dans les cœurs pourra trouver à s'exprimer : peut-être des sortes de parrainages, permettant un relai occasionnel, pour que chacun puisse souffler, ou la création de petites unités…

Mais, dans tous les cas, il est important de nous rappeler le message de l'évangile : tout être humain a de la valeur, est une personne aux yeux de Dieu, quel que soit son état psychique !

11

Vieillissement et maladie

• Vieillir n'est pas être malade, être malade n'est pas vieillir • La santé : une harmonie • Le sens de la maladie • Des progrès techniques • Accidents et maladies • Ne pas trop protéger • Quelques conseils • Malnutrition • Surconsommation médicamenteuse • La dépression chez la personne âgée • La souffrance • L'euthanasie, le suicide • Le sacrement aux malades

On ne trouve guère de définition claire de la vieillesse et du processus de vieillissement. Le Larousse en donne une qui est relativement explicite : la vieillesse est la « dernière période de la vie normale caractérisée par le ralentissement des fonctions » ; le vieillissement, « l'ensemble des phénomènes qui marquent l'évolution d'un organisme vivant vers la mort [1] ». L'INSEE, pour ses statistiques, définit la vieillesse en lien avec l'âge : après 60 ans. Mais, dans la réalité des faits, on sait que le processus du vieillissement n'est absolument pas semblable d'une personne à l'autre. S'il est des maladies liées à l'incontournable usure du corps, il en est d'autres qui n'en relèvent pas, ou seulement en partie.

Je n'aborde pas dans ce chapitre la description des différentes maladies. Ce serait trop vaste, et déborde ma compétence. La question des démences a été traitée au chapitre précédent. Mais je parlerai précisément de la dépression du sujet vieillissant.

Vieillir n'est pas être malade, être malade n'est pas vieillir

J'ai souvent des discussions avec Roger, 70 ans. « Tu me crois toujours jeune, je suis vieux maintenant. Tu ne veux pas l'admettre. » Je lui réponds invariablement : « Non, tu n'es pas vieux, mais tu maltraites ton corps. Tu fumes trop, tu bois trop. Tu pourrais encore être en bien meilleure forme ! » Et je le crois. Son état de santé n'est pas seulement lié à l'âge. Lorsque j'étais étudiante, j'ai vu mourir un jeune homme de 25 ans de cirrhose, sans que l'on puisse le sauver. Il buvait 5 litres de vin par jour ! Roger a toujours eu une excellente santé. Il n'est pas vieux. Mais 50 ans de maltraitance de lui-même ont progressivement raison de sa bonne constitution.

La vieillesse est un processus normal qu'on ne peut éviter, mais certaines maladies (pas toutes !) sont la conséquence directe de la façon de vivre de celui qui en est porteur. Dans ce cas, on n'est pas malade parce qu'on est vieux, mais on est malade parce qu'on a maltraité son corps, quel que soit l'âge. Ce n'est pas pareil. Nous pouvons être acteurs dans le but d'avoir la meilleure santé possible. Notre organisme a des ressources, puisque bien des effets de mauvaises habitudes de vie s'estompent si l'on adopte une meilleure hygiène de vie.

J'avais insidieusement pris du poids au fil des années

(alimentation mal équilibrée, manque d'exercice). À la retraite, avec l'aide d'un médecin diététicien, j'ai pris la chose en main, finalement plus facilement que je ne l'aurais cru, et beaucoup de petits maux ont entièrement disparu. Le corps qui nous a été donné est vraiment une création extraordinaire.

L'espérance de vie, qui varie selon les lieux et les couches sociales, est fonction essentiellement de quatre facteurs : l'alimentation, l'eau potable, l'éducation, l'accès aux soins. Les chances de tous ne sont pas égales. Alors ne les gaspillons pas, nous qui faisons partie des privilégiés !

L'association vieux = malade est un cliché à bannir. Dans un chapitre ultérieur, nous approfondirons la question de la dépendance. Mais il est important de se souvenir que tous les vieux, et même les très vieux, ne sont pas grabataires, et ne nécessitent pas le placement dans des maisons médicalisées. 91 % des plus de 60 ans vivent à domicile. Seuls 15,2 % des plus de 75 ans ne peuvent accomplir sans aide les gestes quotidiens nécessaires à la vie autonome[2].

La santé : une harmonie

Le dictionnaire Larousse définit la santé comme l'« état d'une personne dont l'organisme fonctionne bien », la maladie étant une altération de la santé. On peut dire qu'il n'y a pas de santé parfaite. Nous avons tous, en permanence, quelque chose qui ne fonctionne pas parfaitement bien (quelques signes d'arthrose, des caries dentaires… au minimum !)

Plus proche de la conception biblique est celle d'Hippocrate, un des plus grands médecins de l'Antiquité[3] : la santé est une harmonie, la maladie une rupture de cette harmonie. Cette définition a l'avantage de montrer que c'est l'homme dans sa totalité qui est concerné, et que, le cas échéant, il y est pour quelque chose. Avec bon sens, Hippocrate suggère que, si l'on est malade, c'est que la manière de vivre est mauvaise « en grande partie, ou en quelque chose » ! La Bible fait la même approche, mais en précisant l'harmonie en lien avec la relation avec Dieu et une vie en conformité avec ses ordonnances, et la dysharmonie comme rupture de cette relation avec ses conséquences.

Le Dr Tournier, que j'ai déjà cité, a beaucoup œuvré pour une médecine « de la personne », une médecine qui ne découpe pas l'homme en tranches relevant de divers spécialistes. Pour lui, corps, esprit, dimension spirituelle de l'être forment un tout indissociable[4]. Sa pensée m'a imprégnée. Au cours de mes études de médecine (mais hors de la faculté), j'ai fait des stages pour étudiants dont il était l'initiateur.

Mais ce sont toutes les mentalités qu'il faudrait changer : on veut une guérison immédiate et passive, qui ne prend pas en compte la prévention et le long terme, qui est fournie de l'extérieur, une guérison « clefs en main » !

La maladie n'offre pas que des désavantages. Qui n'a pas souhaité avoir une « bonne petite grippe » pour rester bien au chaud chez lui et se faire dorloter ? Il y a des bénéfices secondaires. La maladie peut avoir fonction de refuge, de quête d'amour envers les proches, de demande d'écoute, de reconnaissance humaine d'une façon plus générale.

Elle a aussi une fonction de signal de notre corps qui souffre. Lors d'une pose de prothèse de hanche, le chirurgien avait dit à un patient : « C'est l'artère de la tête du fémur qui est bouchée, et je peux remplacer la tête fémorale. Mais dites-vous que cela aurait pu être une autre artère : une du cœur ou du cerveau. C'est un signal d'appel de votre corps. Écoutez-le ! »

L'inter-relation corps-esprit est bien sûr très connue en médecine, même si certains travaillent sans en tenir compte. Un tiers des lits d'hôpitaux généraux sont occupés par des malades dits « fonctionnels », c'est-à-dire dont la pathologie ne se rattache pas à une maladie objectivable sur le plan somatique (ce qui ne l'empêche pas de pouvoir être grave). Je me souviens d'un vieil homme pour lequel on m'avait demandé une consultation en service de gastro-entérologie. Il se plaignait de douleurs abdominales, mais tous les examens pratiqués ne montraient rien qui puisse expliquer l'intensité de ses symptômes. Au cours de notre entretien, lorsque nous avons essayé d'approfondir ce qui s'était déroulé dans la période de début des troubles, cet homme se mit à sangloter. Il me parla alors de la grossesse de sa fille adolescente qu'il vivait comme une honte ineffaçable. La cause n'était pas dans l'intestin lui-même ! Mais l'organe lui-même peut finir par être lésé.

Le sens de la maladie

Il est important de ne jamais faire d'interprétation sauvage en la matière. Mais il est vrai que, souvent, on n'est pas malade à n'importe quel moment, ni de n'importe quoi. Nous l'avons déjà abordé par rapport à la retraite. Lorsque nous sommes fragilisés par une réalité extérieure, psychique ou affective, nous sommes plus vulnérables globalement.

Les anciens voyaient dans la maladie une punition des dieux que l'on aurait mécontentés. C'est également la conception que l'on retrouve dans l'Ancien Testament : on peut en lire une illustration frappante dans le livre de Job par la bouche de ses amis. C'est aussi ce qui transparaît encore de nos jours à travers des expressions comme : « Qu'est-ce que j'ai fait au Bon Dieu... ? » Au plan biblique, la séparation d'avec Dieu a engendré, pour l'humanité tout entière, la dysharmonie avec ses répercussions diverses. Ce n'était pas le projet de Dieu. Depuis toujours, il appelle à un autre chemin : « J'ai mis devant toi la vie et la mort, la bénédiction et la malédiction. Choisis la vie, afin que tu vives [5] ». Le Nouveau Testament, par les propos de Jésus, casse l'équation maladie = péché qui est tellement répandue. « Ce n'est pas que lui ou ses parents aient péché » répondra Jésus à la question qui lui est posée à propos de l'aveugle-né [6].

Ce qui est au centre de l'intérêt de Jésus, ce n'est ni la

maladie, ni la souffrance, mais l'homme souffrant. Toutes ses rencontres sont empreintes de tact, d'amour, de compassion à l'égard des êtres, quelle que soit leur vie. « Ce ne sont pas les bien portants qui ont besoin de médecin, mais les malades[7] ». Si nous suivons sa voie, nous n'avons donc pas à aborder les autres en essayant de juger de leur responsabilité. Par contre, il est important que chacun se pose cette question pour lui-même. On dit : « Je suis tombé malade », comme on dit « je suis tombée enceinte », comme si on n'y était strictement pour rien. Il est important de se demander : y suis-je pour quelque chose, même partiellement, et en quoi ? Être acteur de la guérison est primordial. Une maladie peut se transformer en bénédiction, si elle est l'occasion d'une prise de conscience.

Mais attention : certains imaginent qu'on pourrait tout maîtriser, pensent que tout a un sens inconscient que l'on pourrait trouver et que la puissance du psychisme est telle que l'on peut, par la pensée, se rendre maître de la maladie (par exemple les techniques de visualisation des cancers peuvent prêter à de semblables dérives). Quarante années de pratique m'ont rendue plus modeste, en tout cas dans mon domaine : certes, des conflits inconscients peuvent être dénoués, changeant radicalement le cours de certaines vies, mais il reste des choses qui ne nous sont pas accessibles. Un travail psychothérapique, s'il a des effets positifs et peut apporter beaucoup, je peux en témoigner, a également ses limites.

Des progrès techniques

Ils sont considérables, et chaque année en apporte de nouveaux. En quelques décennies, prothèses de hanche, de genou, d'épaule, piles cardiaques, pontages artériels, opérations de la cataracte, appareils auditifs et dentaires, pour n'en citer que quelques exemples, ont radicalement changé le devenir de certaines maladies, accidents ou déficits. J'en ai longuement parlé dans le chapitre traitant du corps. Malheureusement, ils restent trop souvent réservés à la tranche la plus aisée de la population. Ce n'est pas normal.

Il est parfois des maladies difficiles à assumer : par exemple lorsqu'un cancer du côlon ou du périnée oblige à un anus artificiel. La personne peut alors se replier, ne plus oser avoir une vie sociale. Sa poche la hante. Et cependant, il faut savoir que certains, avec des aménagements et le soutien de leur entourage, arrivent à continuer une vie riche de relations, parfois une vie tout à fait normale. Il est important de savoir que cela est possible, qu'on peut continuer une vie sociale, en dépassant sa peur.

Mais au temps de la vieillesse, même si on soulage beaucoup, on ne guérit pas tout, bien sûr… et surtout pas la mort !

Accidents et maladies

L'état de beaucoup de personnes âgées « dégringole » brutalement après une maladie parfois banale, ou après une chute, une fracture. Il faut savoir que la personne âgée, surtout dans le grand âge, est plus vulnérable, tant au niveau de son corps que de son psychisme. Une vie autonome, qui se déroulait bien, peut être remise en cause par la survenue d'un accident. On le voit très fréquemment. Cependant, certaines personnes sont des rocs !

Je regrette beaucoup, pour les personnes âgées, la disparition de presque tous les petits hôpitaux de proximité. Certes, ils sont moins performants que les services hospitaliers de pointe (dont le coût journalier, d'ailleurs, est à la hauteur de la performance !). Mais une personne âgée qui y rentrait pour quelques jours pour une bronchite aigüe pouvait y recevoir des visites, connaissait les lieux, parfois les soignants, pouvait même dans certains cas y être suivie par son médecin de famille. Elle pouvait regagner rapidement son domicile. Transportez une personne de 90 ans dans un grand hôpital, à 50 kilomètres de chez elle ! Tous ses repères sont perdus. C'est alors fréquemment l'occasion d'un lâcher prise définitif. Les facteurs relationnels, le maintien des repères, le désir de la personne devraient entrer en compte pour les décisions à prendre, tout autant que les moyens techniques.

Ne pas trop protéger

Il est important d'essayer de prévenir. Mais trop protéger peut aller à l'encontre de la vie, et même de la prévention. Je pense en particulier aux chutes. On peut avoir des actions préventives : plus une personne entretient son corps (marche, gymnastique…), plus elle aura de force et d'équilibre. Une alimentation saine est la meilleure des choses. Mais si l'on porte des repas à domicile trop précocement, par peur que la personne se nourrisse mal, on l'empêche d'avoir cette activité quotidienne si importante pour son physique, son moral et, éventuellement, sa vie relationnelle. Si on l'empêche de sortir parce qu'elle risque de tomber, on limite sa vie, avant même qu'elle ne le soit par un handicap réel, et on conforte la peur qui est déjà en elle. Je crois que prendre le risque de la vie est important à tout âge, et tout particulièrement à cet âge.

En privant le vieillard d'initiatives à son rythme et à sa mesure, on réduit encore les capacités qui lui restent. « Ne fais pas ça, ça te fatigue ! » Dans les temps anciens, les plus vieux gardaient de petites tâches à leur dimension : nourrir les poules, surveiller le fourneau…

Quelques conseils

Cependant on peut donner quelques conseils : mettre des chaussures qui ne glissent pas, même si elles sont moins esthétiques, enlever les tapis dans lesquels on se prend les pieds parce que la force manque pour les soulever, installer un monte-escalier, qui peut permettre de descendre encore au jardin ou dans la rue, par exemple.

Il faut réfléchir comment organiser l'environnement pour

garder, le plus longtemps possible, des possibilités de déplacement. Une de nos filles, assistante sociale auprès de personnes âgées, nous a vivement encouragés, dans notre maison familiale, à conserver pour notre usage le rez-de-chaussée, et à y mettre des portes suffisamment larges pour le cas où, un jour, nous ne pourrions plus monter les escaliers, ou serions en fauteuil roulant !

Il est important de prendre et garder l'habitude de se faire de « vrais repas », même si on est seul, de mettre le couvert, de ne pas manger sur un bout de table, de ne pas tomber dans la monotonie, de garder la variété, qui est source de plaisir. Et ceci est vrai à tout âge ! Je connais des maisons où le salon est en permanence sous housse, mais je connais aussi des personnes seules qui s'installent chaque jour dans leur salle à manger, avec de jolies assiettes, et vont finir le repas avec un petit café pris dans le salon.

La malnutrition est fréquente chez les personnes âgées. Elle est un facteur de risque, de faiblesse. Le lien nourriture-relation est inscrit en chacun depuis son plus jeune âge. C'est donc à réfléchir dans ce double registre. Ne vaudrait-il pas mieux développer les petits accueils de jour, autour du repas et d'une activité, plutôt que de multiplier les services de repas à domicile ? L'un n'exclut pas l'autre, bien sûr. En ce qui concerne les proches et amis, on peut aussi venir régulièrement partager un repas en en apportant une partie.

La surconsommation médicamenteuse pose problème. Certaines personnes âgées ont près de 25 comprimés à prendre tous les jours, donnés souvent au gré des consultations diverses, sans coordination ! Les autorités sanitaires attirent l'attention sur ce fait : outre le coût, c'est préjudiciable à la santé elle-même. Dans ce domaine, le médecin généraliste a un rôle essentiel. C'est lui qui peut réguler l'ensemble. Mais les patients sont déraisonnables : ils voudraient qu'on leur rende leur jeunesse, et n'avoir mal nulle part ! Ce n'est pas possible.

Certes, il faut soulager la douleur, si elle est trop intense. Mais mieux vaut supporter certains maux que de « détraquer » son corps d'un autre côté par une prise trop importante de médicaments. Du côté du médecin, il est plus facile de donner un médicament que d'écouter la plainte répétée de certains patients ! Et pourtant...

La dépression chez la personne âgée

La dépression est fréquente chez les personnes vieillissantes et il y a un pic de tentatives de suicide à cette période de la vie. Perte de responsabilité, isolement, antécédents dépressifs, changements de lieux de vie favorisent ces états.

Mais il y a des passages dépressifs tout à fait « normaux » au cours du vieillissement. En effet, il faut faire le deuil de beaucoup de choses : deuil de nombreuses personnes qui décèdent (amis et proches), deuil de certaines capacités, de certains lieux... J'ai déjà parlé du travail de deuil. Il faut du temps, et cela passe par la traversée de moments dépressifs avant d'arriver à une acceptation. La foi personnelle est une aide mais n'évite pas ce travail intérieur.

Certaines maladies sont particulièrement éprouvantes. Je me souviens du père d'une amie, intellectuel brillant, qui, après une « attaque » avec une aphasie, réapprenait avec humiliation à ânonner « four-chet-te », alors qu'il pouvait encore lire et comprendre le journal *Le Monde*. C'est très dur lorsque le corps ou certaines facultés se détériorent gravement alors que le psychisme reste intact.

La dépression peut se manifester par des signes évidents : fatigue matinale, troubles du sommeil, envie de rien, culpabilité, dévalorisation de soi et de tout, mais cet état peut aussi prendre des formes masquées, somatiques en particulier. Il existe aussi des pseudo-démences liées à un état dépressif. Les troubles cognitifs, dans ce cas, régressent lorsque la dépression est traitée. J'ai également vu plusieurs fois des délires de persécution, qui m'ont paru être presque des tentatives de guérison : mieux vaut être « persécuté » par les voisins qui vous en veulent, font du bruit exprès... que de se sentir sans lien humain. Des actions à visée relationnelle font alors disparaître le symptôme.

En effet, c'est un cercle vicieux : la dépression entraîne une perte d'énergie, une tendance à s'isoler, des difficultés de communication aggravant les pertes existantes, et ces symptômes eux-mêmes entretiennent la déprime.

Certaines dépressions névrotiques, comme à tout âge, contiennent une demande d'amour massive. La souffrance est réelle, mais utilisée dans la relation, elle peut être tyrannique.

La mélancolie mérite une mention spéciale. Dans cette pathologie grave, la douleur morale est très profonde et le risque de suicide réussi réel. Le mélancolique pense n'avoir aucune valeur, aucun avenir. Son sentiment de culpabilité ne lui laisse guère de répit. Plus rien ne l'intéresse, ne le motive. Il n'attend rien de personne et pense que personne ne peut rien pour lui. Il souffre aussi dans son corps. Une intervention spécialisée est indispensable. Heureusement, la mélancolie peut réagir très bien aux ressources médicamenteuses, voire à la sismothérapie (électrochocs) dont cette maladie reste une des indications justifiées. J'ai même vu cette décision être prise pour une dame de 88 ans, qui ne sortait pas de son état malgré toutes les thérapeutiques médicamenteuses et relationnelles entreprises. Elle a pu retrouver toute sa joie de vivre. C'était une femme chrétienne. Mais lors de son épisode mélancolique, sa foi n'était utilisée qu'à se culpabiliser encore davantage.

La psychanalyse a permis de mettre à jour l'agressivité inconsciente qui existe chez le déprimé. Celle-ci engendre la culpabilité, et dans un deuxième temps, est retournée contre le sujet lui-même. Des aides psychothérapiques peuvent être envisagées, même chez les personnes très âgées.

Par contre, il existe des orientations abusives vers les services de psychiatrie. Sous le couvert du diagnostic de dépression, on y envoie des personnes âgées qui ne sont pas en état dépressif, mais angoissées à juste titre par leur situation. Cela évite d'avoir à rechercher une solution adéquate. La psychiatrie n'a pas pour vocation de résoudre tous les problèmes relationnels et sociaux !

La souffrance

Quelle que soit son origine, la souffrance concerne toujours l'homme entier, avec son histoire. Un médecin de l'hôpital Laennec la formulait ainsi : « La souffrance humaine est complexe : faite de douleur, mais aussi de peur, de ressentiment, de l'épreuve de l'altération du corps, d'angoisse, de solitude, de perte des raisons de vivre… et d'autres choses encore, propres à chacun des souffrants, liées à son histoire personnelle[8]. »

C'est bien l'homme souffrant qui est au premier plan. La médecine a fait des progrès. On n'a plus peur d'utiliser la morphine pour ne pas laisser souffrir quelqu'un. Mais la morphine ne suffit pas, il faut que des humains accompagnent. Michaël Balint, médecin hongrois qui a travaillé en Angleterre, est à l'origine des « groupes Balint » pour la formation psychologique des soignants. Il affirme que le meilleur médicament dont dispose le médecin, c'est le médecin lui-même[9].

Avoir compassion de l'homme souffrant, c'est ne pas rester à distance. C'est s'approcher, en reconnaissant sa propre vulnérabilité. C'est une humanité partagée. Jésus a partagé cette humanité, jusqu'à Gethsémané et à la croix. Compatir, ce n'est pas s'apitoyer, c'est une présence ouverte à l'autre, qui ne demande et n'impose rien.

Parfois on a mis en avant, pour justifier spirituellement l'existence de la souffrance, un rôle rédempteur : « porter sa croix ». Le verset de Colossiens 1.24, qui parle de participer aux souffrances du Christ, pourrait faire penser cela ; mais une telle position n'est pas conforme à tout le reste de l'Évangile : d'une part, Dieu ne peut vouloir la souffrance, et d'autre part, le sacrifice de Jésus se suffit à lui-même, unique et parfait, offert une fois pour toutes [10].

L'euthanasie, le suicide

Ces questions ont fait couler beaucoup d'encre. Personnellement, par rapport à mon expérience et à ce que j'ai lu et entendu venant de soignants de services de soins palliatifs, beaucoup de patients demandent non pas que l'on mettre fin à leurs jours, mais d'avoir l'assurance qu'on ne les laissera pas dans des souffrances atroces, qu'on ne prolongera pas leur vie artificiellement, qu'on les accompagnera jusqu'au bout, qu'ils ne seront pas seuls.

L'arrêt des soins autres que de confort ou un traitement qui fait prendre un risque vital peuvent être décidés entre une personne et l'équipe qui la suit. C'est important, légitime, car notre médecine a, aujourd'hui, les moyens de maintenir la vie au-delà de ce qui a un sens, parfois au-delà du raisonnable. En effet, à quoi sert de prolonger la vie de quelques jours ou semaines au prix de nouvelles souffrances ? Il faut aussi accepter la mort.

Pour ce qui est de la « mort douce », dans l'inconscience, je ne suis pas sûre qu'elle soit la meilleure part. Le soulagement de la douleur peut nécessiter l'inconscience, à la fin, mais alors on doit être attentif à ce que, si cela est possible, le mourant et son entourage puissent se dire adieu auparavant. Dans tous les cas, c'est avec le malade lui-même que toute décision doit être prise (il est donc souhaitable que le médecin en parle clairement et précocement, si le patient le désire, avant qu'il ne soit plus en mesure de le faire) et elle ne doit pas être le fait d'une seule personne, pour éviter d'être pris dans des réactions trop affectives ou trop marquées par d'autres histoires ou positions personnelles.

Nous l'avons dit : il y a un nombre important de suicides dans la dernière tranche de la vie. Je crois qu'il ne nous appartient ni de condamner, ni de justifier l'acte de ceux qui ne se sentent plus le courage de vivre ce qu'ils ont à affronter, et qui n'a plus de sens pour eux. Parfois, en se supprimant, ils ont même le sentiment de mettre fin non seulement à leurs souffrances mais aussi à celles de leur entourage proche. Ils ont hâte que le cauchemar s'arrête. Dans certains cas, on peut le comprendre.

Pour ceux qui sont autour, proches, amis, soignants, accompagnants, il me semble que la seule attitude est d'être à côté, dans un accompagnement respectueux et fidèle, qui peut entendre (c'est difficile) le désir que la vie finisse. Que cela s'exprime ne veut pas forcément dire que la personne qui en parle soit effectivement prête à mettre fin à ses jours. Parfois, l'expression même de cette lassitude ou de cette douleur de vivre aide à ce que celle-ci soit moins envahissante. Se sentir compris, entendu, peut aider à passer un cap. Être assuré qu'on sera accompagné jusqu'au bout, qu'il n'y aura pas d'acharnement thérapeutique, que chaque décision sera prise avec le patient, peut changer la question. Sur le plan spirituel, l'accompagnement se doit d'être respectueux, non moralisateur, et porteur de cette autre réalité, spirituelle, de l'amour de Dieu qui est allé jusqu'à partager la souffrance humaine extrême. Le témoignage de ceux qui, malgré de grandes souffrances, restent dans la paix et la confiance, est très fortement ressenti par ceux qui les croisent, et peut également faire voir les choses autrement.

Dans le cas où un passage à l'acte intervient dans la réalité, j'affirme que l'amour de Dieu attend également ceux qui ont fait ce choix mortel, à qui l'Église catholique a longtemps refusé l'enterrement religieux, ce qui a été un traumatisme supplémentaire pour bien des familles. Il faut accompagner les proches car ils peuvent se sentir coupables de ce geste ou du soulagement qu'ils en éprouvent. Ce choix d'un malade est toujours difficile pour ceux qui sont autour, famille et soignants. Il faut que ce vécu puisse être exprimé.

Le sacrement aux malades

Quelqu'un me racontait qu'après la visite d'un pasteur qui lui avait proposé de « faire la prière », sa femme avait fait une crise d'angoisse, pensant que sa mort ne pouvait être qu'imminente, vu cette proposition !

Longtemps appelé l'extrême-onction, ce sacrement est en train de retrouver son sens réel de prière et d'onction pour le malade[11].

L'Église, par ce geste demandé par le malade ou son entourage, implore l'aide de Dieu pour un de ses membres souffrants, soit pour le guérir, soit pour qu'il puisse vivre son épreuve, mortelle ou non, dans la paix et l'espérance. Dans l'Église catholique, c'est un sacrement, il ne peut être donné que par un prêtre ; ce n'est pas le cas dans les églises protestantes où il est un geste communautaire.

Le sacrement aux malades

[illegible]

12

Le spectre de la dépendance, les choix pour la fin de vie

• Tous les vieux ne finissent pas grabataires ou déments • L'état psychique est un facteur déterminant • L'entourage familial et le voisinage • La dignité de la personne • Soutenir le « quelqu'un » en l'autre • Faire des choix au bon moment • Les accueils à temps partiel • Aller chez ses enfants ? • Entrer dans un lieu de vie • Une décision la plus libre possible

Un jour, j'ai proposé à une personne du 3e âge, malade, de chercher quelqu'un pour l'aider dans sa vie quotidienne. Sa réponse a été catégorique : « Pour que quelqu'un vienne commander chez moi ? Jamais ! » Devant sa véhémence, je lui ai demandé sur quoi elle basait cette idée. Elle me raconta que, lors de l'hémiplégie de sa mère, ses frères et sœurs qui étaient proches avaient cherché et trouvé une aide. Lorsqu'elle-même vint, quelque temps après, cette employée la reçut avec fierté : « Je vais vous montrer tout ce que j'ai fait depuis que je suis là : j'ai rangé ce placard, j'ai jeté la moitié de ce qu'il contenait. Je vais maintenant m'attaquer à l'armoire. Il y en a besoin, elle gardait vraiment n'importe quoi ! »

« Elle », paralysée dans son lit, assistait, tout à fait consciente, impuissante et résignée, au nettoyage par le vide des choses « inutiles » qu'elle gardait précieusement, à la destruction de ce qui construisait sa petite vie. La « gouvernante » avait pris son rôle au pied de la lettre !

Lors d'inondations, il y a quatre ou cinq ans, j'étais allée aider dans un village voisin. On m'envoya chez un vieux concierge, 85 ans, qui ne voulait personne pour nettoyer son intérieur empli de boue nauséabonde. Il m'a fallu l'apprivoiser, pour qu'il accepte mon aide et ose exposer l'intimité de son foyer, qui certes ne correspondait pas à un modèle d'ordre et d'hygiène, mais qui était le sien, son ancrage. J'ai tout nettoyé, je n'ai rien jeté. C'est lui qui, au fur et à mesure, a choisi ce qu'il faisait de chaque chose.

On peut redouter à juste titre la dépendance, car elle peut mettre sous la coupe de gens irrespectueux, voire parfois malintentionnés. Cette étape-là, aussi, peut se réfléchir à l'avance. On peut charger quelqu'un, en qui l'on a pleinement confiance, de l'organiser si l'on n'est plus à même de le faire le moment venu. Mais tout dépend du réseau familial et social que l'on avait auparavant. On peut aussi avoir fait des choix, pour cette étape éventuelle, qu'on laisse en attente (par exemple une préinscription pour une entrée éventuelle dans un établissement).

Tous les vieux ne finissent pas grabataires ou déments

La dépendance se définit par l'impossibilité d'accomplir seul les actes élémentaires de la vie courante : se lever, se déplacer, se laver, se nourrir, aller aux toilettes.

Il est important de lutter contre des représentations erronées. J'en ai déjà parlé. S'il est vrai que la dépendance peut être au bout du chemin, la dépendance grave ne touche que 10 % des 91 % de personnes âgées qui vivent à domicile. Par contre, la plupart de celles qui sont en établissement (les 9 % restants) sont dans une dépendance grave (à 61 %)[1]. Ce n'est pas la gravité de la dépendance qui souvent impose le placement, mais l'absence d'un réseau d'aide suffisant pour qu'un maintien à domicile soit possible. L'état s'aggrave plus rapidement en institution qu'à domicile.

La dépendance augmente fortement avec l'âge : 2 % entre 60 et 70 ans, 10,5 % à 80 ans, 30 % à 90 ans[2]. Une personne centenaire peut encore être indépendante, ou n'avoir que des aides très partielles. La moitié des plus de 75 ans a besoin d'une aide partielle (aide ménagère, service de repas à domicile, soins), mais peut assurer le reste. Comme les conditions de vie s'améliorent (mais nous ne savons si cela perdurera), l'âge moyen d'entrée dans la dépendance grave recule. L'APA (allocation personnalisée d'autonomie) est accordée aux personnes âgées de plus de 60 ans dépendantes. Elle est fonction des ressources et de l'importance de la perte d'autonomie. La grille Aggir, qui va de 1 (dépendance totale) à 6 (pas de dépendance) régit depuis 2001 le droit à l'APA, qui est donnée pour les pertes d'autonomie de 1 à 4. Les statistiques font état d'une dépendance partielle, mais nécessitant une aide régulière pendant environ 8 années pour les femmes, 5 ans et demi pour les hommes. La dépendance sévère (niveau 1 et 2 de la grille) dure en moyenne 2 ans pour les femmes, un an pour les hommes[3]. Les femmes vivent plus longtemps que les hommes, le processus de vieillissement s'installe plus progressivement. La dépendance, lorsqu'elle s'installe, est plus grave. Les hommes meurent plus rapidement, souvent du fait d'une maladie.

D'autres différences sont relevées par ces mêmes études : un âge beaucoup plus tardif d'entrée dans la dépendance chez les personnes ayant fait des études supérieures, ayant eu des activités intellectuelles et, au contraire, une dépendance plus précoce chez les femmes ayant eu de très nombreuses maternités. L'usure du corps n'est pas la même chez tous. Les inégalités sociales et culturelles sont mises en relief par la fin de vie. Il y a du travail à faire pour que des chances meilleures existent pour tous, et qu'une réelle prévention existe. Par ailleurs, il est possible que les écarts entre hommes et femmes s'atténuent dans les années futures, car de nombreuses femmes ont maintenant des conduites qui nuisent à leur santé en ce qui concerne le tabac, parfois aussi l'alcool (ce qui était autrefois surtout l'apanage des hommes), et s'il n'y a plus les nombreuses maternités, il y a le risque vasculaire lié à la prise prolongée de contraception orale. De fait, c'est le plus souvent après 80 ans qu'il y a une bascule très nette sur le plan de l'autonomie.

L'état psychique est un facteur déterminant

La perte des facultés motrices et les divers handicaps sensoriels ne sont pas les éléments qui conditionnent prioritairement la dépendance grave. Elle peut être gérée si ne se rajoutent pas d'autres facteurs, psychiques ou sociaux (précarité, isolement, éloignement du pays d'origine). La personne âgée, même ayant de sérieux handicaps physiques, peut être aidée à domicile et peut garder les rênes de sa vie, si son état mental est bon.

Par contre, le problème est tout autre s'il y a une altération sévère de l'état psychique, et particulièrement si cela s'accompagne d'agressivité ; davantage encore si une pathologie somatique se mêle à la pathologie psychique. On est alors souvent amené à faire le choix d'un placement dans une institution, ou dans une petite structure médicalisée.

L'entourage familial et le voisinage

C'est le deuxième point essentiel pour un maintien à domicile. On constate qu'environ les deux tiers des aides ne sont pas effectuées par des professionnels, mais par l'entourage familial ou le voisinage. Dans la plupart des cas, ce sont les femmes qui assurent cette aide : soit la conjointe, si elle est encore en vie et suffisamment valide, soit les enfants, surtout les filles, ou les voisines. Beaucoup de choses reposent souvent sur une même personne, ce qui est parfois très lourd pour elle, empêchant toutes vacances ou même détente, pendant de nombreux mois. D'un côté, c'est à la fois très réjouissant, car on peut voir qu'il y a une solidarité, que les liens entre humains ne sont pas aussi inexistants qu'on pourrait le croire parfois ; de l'autre, cela montre à quel point il faudrait développer des structures ou des équipes qui puissent prendre le relais à certains moments, pour permettre aux proches de souffler. Il faudrait aussi développer une solidarité pour ceux qui sont absolument seuls.

La dignité de la personne

Elle est inscrite dans les droits de l'homme. Mais est-elle respectée ?

L'ADMD (Association pour le Droit de Mourir dans la Dignité) s'est donné pour but de « promouvoir le droit légal et social de choisir librement la façon de terminer sa vie ». Souvent, c'est la peur d'une possible perte des facultés mentales qui provoque l'adhésion des personnes à ce mouvement, la crainte également de l'acharnement thérapeutique. La mort douce, le suicide accompagné est leur option, mais également la lutte pour que soit respectée la demande du patient de l'arrêt des soins.

Mais la dignité tient-elle principalement aux facultés mentales ? En tant que chrétien, on peut voir les choses autrement. Olivier de Dinechin situe la dignité, sur un plan biblique, dans trois registres :

- La création : l'homme est créé à l'image, à la ressemblance de Dieu,

- L'élection : chaque homme est appelé à une alliance avec Dieu,
- La rédemption : tout homme est potentiellement racheté par grâce [4].

Rien ici ne dépend de l'état physique, psychique, intellectuel de la personne, ni même de ses fautes. Dans la parabole du fils prodigue, le fils qui revient dit à son père : « Je ne suis plus digne », mais celui-ci le restaure dans sa dignité de fils [5].

Sans être d'accord avec l'ADMD sur la question d'un accompagnement actif au suicide, je pense qu'il est important que les médecins acceptent le désir de mourir de ceux qui sont lassés de vivre, ne prolongent pas leur vie artificiellement, dans des conditions parfois inhumaines, par les techniques sophistiquées et efficaces dont nous disposons aujourd'hui. Le développement des « soins palliatifs » est un immense progrès. Ils accompagnent, à domicile ou en service hospitalier, calment la douleur, l'angoisse, s'ajustant au plus près de la demande du patient, s'en tiennent aux soins de confort, mais n'ont l'objectif ni d'accélérer ni de retarder la mort. Nous en avons parlé dans le précédent chapitre.

J'ai trouvé sur Internet un article de Thierry Tournebise, psychothérapeute [6]. Il met en relief le double sens du mot « personne ». Il faut, dit-il, voir le « quelqu'un » qui vit au cœur de ces hommes et ces femmes âgées, et non une « personne » âgée. Parfois, dit-il, dans la personne âgée on a cessé de voir quelqu'un ! On se conduit comme s'il n'y avait personne. Et avec les meilleures intentions du monde, on peut avoir une façon de faire qui s'impose à l'autre et n'est plus dans la rencontre. Parfois, tout projet, tout rêve de la personne dépendante est tout de suite sanctionné par « Ce n'est pas possible » (un peu comme pour les adolescents). Alors, non seulement la personne âgée ne peut plus agir, mais on lui interdit même de désirer !

Soutenir le « quelqu'un » en l'autre

Nous avons déjà dit les besoins de l'être humain :

- Besoin de reconnaissance,
- Besoin de liens,
- Besoin de repères,
- Besoin d'une place dans le groupe humain.

Tant que quelqu'un a ses facultés de raisonnement, quel que soit son état physique, il faut tout faire pour que les choix soient faits par lui, les petits choix comme les grands. On peut l'aider à réfléchir, donner des éléments de réalité, mais pas décider à sa place.

On entend trop souvent parler à la 3e personne de quelqu'un qui est là, comme si c'était un meuble, comme s'il était déjà absent : quoi de plus favorable à ce qu'il « s'absente » réellement ?

Beaucoup de points sont à prendre en compte pour respecter le « quelqu'un » qui est dépendant. Il est important, lorsque des soins sont prodigués, d'expliquer ce que l'on fait pour que les gestes ne soient pas passivement subis, mais contribuent à maintenir du sens. Souvent, dès les premiers dysfonctionnements de la continence urinaire, on propose des « couches » : « comme ça vous serez tranquille »... au lieu d'aider à apprendre à mieux contrôler, à y penser à temps... et l'on voit des personnes devenir incontinentes en quelques jours ou semaines, alors qu'elles ne l'auraient peut-être pas été. De même en ce qui concerne la préparation ou le moment des repas... c'est tellement plus facile, plus rapide de faire porter les repas, de mixer ou de couper la viande, plutôt que d'être présent et de laisser la personne se débrouiller, et y arriver, quitte à batailler pendant un moment. Et pourtant, ce sont tous ces gestes quotidiens répétés qui renforcent l'indépendance. Cela demande plus de temps et de patience mais le jeu en vaut la chandelle !

Avec mes petits-enfants, j'ai visité un lieu d'accueil qui est aussi un « hôpital » pour les tortues. J'ai appris que, sauf pour les très grosses (100 ou 200 kg), il ne faut jamais retourner une tortue qui s'est, par accident, mise sur le dos. Il lui faut environ trois quarts d'heure pour arriver à se remettre sur ses pattes. Mais si on le fait pour elle, on la fragilise, car elle perdra cette capacité et ne pourra plus le faire lorsqu'elle sera dans la nature. Il faut réfléchir à tout cela.

J'étais près d'une amie malade. Je m'apprêtais à l'aider. « Laisse-moi faire, me dit-elle. Il faut que je garde l'habitude de faire, sinon tu me rends dépendante. » Et moi, pleine de bonnes intentions, j'ai du mal à l'accepter : « Garde tes forces pour autre chose, quelque chose qui te fasse vraiment plaisir ! » Mais non, je me trompe : garder sa vie en main est sa priorité, ce qui lui tient le plus à cœur.

Le besoin de liens doit également être soutenu. Dans ce domaine aussi, il est important de ne pas protéger trop : mieux vaut prendre quelques risques et que la vie sociale se poursuive. Je connais un vieil homme qui a une maladie neurologique dégénérative. Sa femme est encore plus handicapée que lui. Il continue de sortir tous les jours pour faire leurs courses, avec son déambulateur à roulettes. Lorsqu'il est fatigué, il s'assied dessus, puis repart. C'est pénible, sans doute pas très prudent, mais cela lui fait du bien. Il garde ainsi un pied dans la vie, dans le social. Dans certains cas, l'isolement géographique ne le permet pas : lorsque la personne âgée vit en pleine campagne. Seuls restent les autres moyens de communication : téléphone, Internet. Mais souvent la personne n'en avait pas un usage habituel avant. Cela peut lui rester inaccessible.

Le Dr Tubiana cherche des solutions : il imagine que l'on pourrait, à titre de solidarité sociale, demander aux chômeurs (qui ont du temps libre, et qui pourraient ainsi « rendre » un peu de ce qu'ils reçoivent), de visiter les personnes âgées invalides et isolées. Il imagine aussi que l'on pourrait sous-traiter avec les pays en voie de développement de petits séjours à moindre coût, pour les personnes âgées, afin de permettre à chacun de souffler un peu et de ne pas arriver à des situations d'exaspération qui favorisent la maltraitance[7].

Les personnes âgées devenant de plus en plus nombreuses, le nombre des dépendances augmentera forcément en proportion. Il va falloir être inventif. C'est un défi pour la société, pour les églises et pour chacun de nous. Ne pourrait-on pas imaginer des « parrainages » de personnes âgées ?

Il faut que l'accompagnement soit respectueux, mais aussi régulier. Le besoin de repères est fondamental. Aller faire marcher quelqu'un n'a de sens que dans la régularité (par exemple une fois par semaine). Si l'on fait cette action de façon bénévole, il faut bien réaliser que bénévolat ne doit pas signifier dilettantisme, non-engagement. Il faut bien évaluer ce que l'on est prêt à faire dans la durée, pour qu'il n'y ait pas rejet et abandon. Il est souhaitable, autant que faire se peut, que ce soient les mêmes personnes qui passent régulièrement.

Il est important d'agir fidèlement et de ne pas en faire trop, de ne pas se substituer à la personne pour ce qu'elle pourrait encore accomplir.

Un système de télé-alarme, que la personne âgée peut porter à son cou ou au poignet, permet qu'en cas de chute ou de malaise elle soit très vite secourue. C'est très rassurant pour l'entourage et pour la personne elle-même. C'est un outil très précieux pour prendre le risque du maintien à domicile. De fait, c'est souvent l'entourage qui a besoin que ce soit mis en place, plus que la personne elle-même ! Mais pourquoi pas ? Il est important que l'entourage soit rassuré. Mais il est bon que ce soit dit et constaté avec humour !

Faire des choix au bon moment

La dépendance doit être regardée en face, pour s'en prévenir au maximum, la retarder, la rendre la moins aliénante possible et pour avoir du temps afin de peser les décisions.

Il faut savoir que toute dépendance n'est pas forcément définitive : il peut arriver qu'une personne âgée, après une fracture ou une maladie, nécessite une hospitalisation temporaire, un séjour chez des proches ou dans un lieu spécialisé. Mais elle peut garder à moyen terme l'objectif de rentrer chez elle, et cela peut devenir réalisable. Cependant ce projet doit se préparer. Il faut que la personne âgée y soit aidée, car elle ne pourra y parvenir seule. Les services sociaux sont très souvent une aide efficace, et parfois les seuls vis-à-vis réellement présents pour la personne âgée.

Les accueils à temps partiel

Pour les patients atteints de détérioration intellectuelle, il ne faut pas rester dans l'isolement. Il faut envisager une aide pour le malade et pour l'entourage, et utiliser les possibilités d'accueil de jour, s'il en existe. Ce sont des outils à développer dans le maximum de communes : ce lieu tiers impulse une nouvelle dynamique pour la personne et permet à l'entourage de ne pas s'épuiser, de ne pas craquer, de ne pas sacrifier toute sa vie, ou de ne pas basculer dans la maltraitance physique ou morale du malade. Il y a peu de temps, un soignant me parlait d'un vieil homme qui s'occupait entièrement seul de sa femme atteinte d'Alzheimer. Admirable ? Peut-être. Mais, à présent, il est exaspéré par elle, devient intolérant et agressif, et leur relation s'avère négative pour eux deux. Il ne faut pas rester seul, ni surestimer ce que l'on peut faire. Le problème peut se poser également pour les atteintes physiques graves.

Aller chez ses enfants ?

Si elles ont leur pleine lucidité, la plupart du temps, les personnes âgées elles-mêmes ne veulent pas aller chez leurs enfants : peur de les gêner, de les surcharger, question de place, sentiment que les rythmes sont trop différents… Certains acceptent sans trop de difficulté des soins corporels effectués par leurs proches, pour d'autres c'est humiliant, impensable, et il en est de même pour les proches.

Ce n'est pas à juger, c'est même parfaitement justifié et à prendre en considération.

Entrer dans un lieu de vie

Aller en maison de retraite, foyer-logement ou autre nécessite toute une préparation. On va perdre ses repères habituels, son quartier, ses voisins. On va perdre également sa liberté, sa possibilité d'être seul. On n'imagine pas combien cela peut être difficile de ne jamais pouvoir être tranquille, seul. Lorsque cela est possible, il est bon que des solutions soient trouvées dans lesquelles la personne peut rester dans ses meubles, peut avoir le choix de manger avec d'autres ou par moments seule, voire de se confectionner un petit repas, d'inviter des personnes à manger. Cela existe en certains lieux. Il serait bon que les structures puissent s'adapter aux différents moments de la dépendance des personnes, et non l'inverse. Dans les maisons de retraite ou les foyers-logements, la plupart du temps on ne garde pas la personne si elle n'est plus autonome. Il faut s'être bien renseigné, avoir tous les éléments. Il faut avoir réfléchi assez tôt.

Souvent, parce qu'ils ont atteint un âge particulier, on prête aux vieux une fragilité qui est loin d'être le cas de tous. Certains sont très solides ! Attention à toutes ces généralisations qui figent dans des représentations préétablies. Mais il faut aussi avoir conscience que, à un grand âge, l'état peut se trouver très brutalement modifié.

Une décision la plus libre possible

Tout cela est à réfléchir avec la personne âgée, et il est souhaitable, autant qu'il est possible, que la décision soit prise par elle. Mais il faut aussi que les proches disent clairement ce qu'ils peuvent ou non assumer, car, bien sûr, la liberté de l'un ne peut se faire au détriment de la liberté de l'autre.

L'autre jour, je parlais avec une dame qui approche de ses 80 ans. Elle est déjà bien handicapée sur le plan moteur mais ses facultés mentales sont parfaites. Elle m'a dit : « Je préfère vivre chez moi le plus longtemps possible. J'ai du mal à monter mes escaliers. Jusqu'à quand pourrai-je le faire ? Mais aménager la maison autrement serait trop onéreux. Je sais que je prends un risque, que peut-être le jour où je devrai m'habituer à une maison de retraite, perdre ma liberté, ce sera encore plus dur que si je le faisais à présent. Mais tant pis, je fais ce choix. »

Après tout, peut-être est-il préférable qu'elle vive comme elle le veut encore quelques années, quitte à mourir plus rapidement d'un changement trop tardif ! Sous le prétexte du raisonnable, ou du sécuritaire, n'empêche-t-on pas parfois les personnes âgées de rester des vivants, libres de leurs choix, alors que rien ne justifie de les priver de ce libre-arbitre ?

13

Quand vient le crépuscule

• Approcher la mort • Un corps fatigué, qui lâche prise • Laisser vivre la mort • Une intimité à respecter • Les besoins de relation • Les besoins de repères, d'appartenance • Un besoin de vérité • Rester acteur de sa vie • Des besoins spirituels • L'entourage familial

On entoure la naissance, on ne sait pas trop entourer la mort. Or, on reconnaît la valeur d'une civilisation à la façon dont elle entoure ses vieillards et ses morts.

L'instant de la mort fait souvent peur. Or, moins on s'y confronte, plus on s'en fait une image terrorisante. Pour moi, la mort est souffrance parce qu'elle est séparation, mais elle n'est pas terrifiante. J'étais présente aux derniers instants de mes deux grands-mères et de mon père. Pourquoi une telle peur du corps mort ?

Je repartirai du texte si connu de la parabole du « bon Samaritain[1] ». Un voyageur attaqué par des brigands gît sur la route, « à demi-mort ». Passent deux religieux, un prêtre et un lévite, qui s'en écartent soigneusement. Heureusement survient l'étranger, le Samaritain, qui, lui, va s'occuper du blessé, au-delà même de l'urgence. Une lecture au second degré de ce texte explique ce recul devant le « demi-mort ». Selon la loi juive, prêtres et lévites devenaient impurs s'ils touchaient un mort, et ne pouvaient entrer dans le temple qu'au bout de 7 jours, après avoir fait les ablutions rituelles de purification[2]. Ce n'était donc pas anodin pour le prêtre et le lévite de prendre ce risque. Jésus montrera une autre voie : il prend le risque de se souiller lorsqu'il approche la fille de Jaïrus[3], Lazare[4], et bien d'autres. Cette parabole était la réponse de Jésus à une question : « Qui est mon prochain ? » Ce n'est pas rien qu'il ait choisi un demi-mort comme prototype du prochain ! Oui, nous sommes tous frères, en notre finitude !

Approcher la mort

Beaucoup de gens ont peur de la mort, des mourants. Chacun de nous est parfois bien tenté de s'en écarter, et c'est humain. La mort reste un grand mystère. Même des chrétiens très engagés ont eu un recul devant leur mort, en dépit de leur espérance. Jésus lui-même a eu un moment de vide sur la croix, partageant par là encore plus pleinement notre humanité. Pourquoi tant de peur ?

On rencontre la peur irrationnelle d'être contaminé par la mort, ou la peur superstitieuse de la faire survenir si on en parle : « Il ne faut pas parler de ça, ça pourrait le faire arriver ! »

La mort nous confronte à notre limite, à notre impuissance, à notre finitude : en effet, face à la mort, nous ne pouvons plus rien « faire », il ne nous reste plus qu'à « être », même si nous

nous raccrochons à des gestes techniques, des gestes concrets pour nous rassurer.

La mort d'autrui nous met en face du fait que nous sommes nous aussi des mortels, et qu'un jour, proche ou lointain, nous mourrons. Alors, comme le prêtre et le lévite, nous passons parfois à distance, plutôt que d'oser regarder en face nos peurs. Or, au contraire, accompagner les derniers instants de quelqu'un peut être un enrichissement. Marie de Hennezel, que j'ai déjà citée, va dans le même sens : lorsqu'on lui demande si côtoyer quotidiennement la mort ne l'empêche pas de vivre, elle affirme qu'au contraire, cela lui fait percevoir plus profondément toute la richesse de la vie.

Par ailleurs, la mort n'est pas seulement la mort d'un corps, elle est aussi le point final d'une relation partagée. C'est pourquoi nous avons tant de regrets de n'avoir pas assez dit, pas assez échangé, car on est devant le « jamais plus ».

Je me propose de parler de celui qui va mourir, mais également de son entourage.

Un corps fatigué, qui lâche prise

La mort peut venir par surprise. Mon grand-père maternel est mort à 91 ans, une nuit pendant son sommeil. Mais, le plus souvent, on sent son approche.

Quand on est en fin de vie, on a besoin de confort. On ne pense jamais assez aux petites choses. La notion de soins palliatifs est cela : on ne cherche plus à guérir, mais à donner le maximum de confort de vie jusqu'à la fin et à accompagner ce moment.

Habituellement, il n'y a pas seulement la maladie (ou la vieillesse) qui fait mourir, mais aussi des quantités de petits maux qui font souffrir. Aujourd'hui, on est en général attentif à ce que le malade ne souffre pas de façon insupportable. Les traitements antidouleur, y compris la morphine, sont donnés si l'état du patient le nécessite, quitte à prendre un risque vital.

Mais on s'occupe moins de tous les petits maux : les douleurs diverses, l'absence de dents, la mauvaise ouïe, la mauvaise vue, les troubles digestifs, les mauvaises positions… qu'on ne peut modifier seul, et d'autres choses auxquelles personne ne pense. Il faut les prendre en compte, en parler avec celui qui est en fin de vie, être vigilant à être bien entendu, à expliquer ce qu'on va faire, à manipuler avec délicatesse, à faire des massages doux qui soulagent, à ne pas demander des choses qui n'ont plus trop de sens (par exemple pousser à manger tout son repas), à questionner la personne sur ce qu'elle pourrait souhaiter.

Laisser vivre la mort

Il est important aussi, quand la mort est proche, d'arrêter de faire au malade des quantités de soins, d'examens et de le laisser un peu en paix, de le laisser vivre sa mort.

Ma mère est morte à 93 ans et demi, en clinique. Ses derniers instants ont été ceux de l'urgence hospitalière. Cela se justifiait parce qu'on espérait la sauver. Sa mort a été rapide, mais j'ai regretté de n'avoir pu vivre avec elle ce que nous avons eu le privilège de vivre avec mon père : nous avons pu l'accompagner chez lui, tranquillement, dans ce moment où il est parti, un peu comme une petite bougie qui s'éteint, après avoir pris congé, au fil des jours, de chacun des siens.

Les petites attentions sont importantes : ne pas faire trop de bruit, ne pas bousculer le rythme, respecter la fatigue, la lassitude, le besoin d'être seul. Les mourants ont envie de voir les leurs, mais sont tellement fatigués que chaque rencontre les épuise. Il faut venir, entourer, mais repartir rapidement, ou rester simplement là, en silence, à lire à proximité.

Une intimité à respecter

C'est une autre dimension du confort du corps, même avec quelqu'un qui ne parle plus. Il est important de se présenter, même à quelqu'un qui semble dans un demi-coma, de continuer à le traiter avec respect, délicatesse, en respectant sa pudeur.

Par rapport à l'entourage proche, il faut demander au patient s'il préfère être aidé par une infirmière plutôt que par l'un des siens. Il est parfois difficile, voire humiliant de se montrer dans un corps délabré, d'exposer ses parties intimes à un proche, à un de ses enfants. On peut préférer, même au domicile de ses enfants, que les soins d'hygiène soient assurés par un soignant.

Le mourant est encore un homme, une femme. J'ai été très émue par un homme de 40 ans qui racontait comment il avait pris soin des mains et des pieds d'une amie en fin de vie, pour qu'elle se sente encore femme. On peut veiller à de petits gestes de coquetterie, et non pas estimer que plus rien ne vaut la peine, puisque la mort est proche.

Les besoins de relation

Du début à la fin de sa vie, l'être humain a besoin du lien aux autres. Celui qui est proche de la mort a plus encore besoin de liens vrais, authentiques.

La présence doit accompagner le cheminement du vieillard vers la mort. Il faut savoir que l'angoisse naît principalement du sentiment de solitude et d'abandon. Parfois, celui qui va mourir n'a pas les mots pour le dire, ou personne pour l'écouter. Celui qui va mourir est un vivant. Il entend tout, il ressent tout. Ne parlons pas « de » lui comme s'il n'était déjà plus là, mais parlons « avec » lui.

Lors d'un travail sur la relation soignant-soigné avec des étudiants en médecine, après leur stage infirmier, un jeune étudiant évoqua une situation qui l'avait marqué. La visite du chef de service venait de se terminer, il allait sortir de la chambre lorsque le malade le rappela : « Dites, je vais mourir, n'est-ce pas ? » Affolé par la question, le jeune homme se retourna pour voir qui pouvait répondre. Personne. Il était seul. Alors, il a fait ce que chacun de nous devrait faire : « Je ne sais pas, a-t-il répondu, mais peut-être avez-vous besoin de parler de cette éventualité ? » Et il s'est assis. Il a fait face, mais est sorti très remué, sans avoir l'occasion ensuite d'en parler à quiconque.

Il faut accompagner le travail de deuil, ce cheminement progressif qui amène à accepter les pertes irréversibles : perte de la vie, mais aussi perte des liens avec ceux que l'on aime. C'est un douloureux travail de détachement. Il est important d'écouter les mouvements contradictoires qui agitent parfois la personne, sa révolte, ses questions, sa peur que les autres ne se débrouillent pas sans lui (ou trop bien !), sa peur de la mort ou de l'après, mais aussi son espérance, sa confiance.

Être en relation, ce n'est pas seulement parler. C'est aussi être là, simplement. C'est mettre sa main sur le bras de l'autre, ou uniquement rester là, sans bouger, silencieux, pendant que l'autre se laisse aller à somnoler dans le réconfort de la présence. De fait, peu de gens savent ne rien dire et ne rien faire, être simplement là.

Les besoins de repères, d'appartenance

Si le mourant se trouve dans un autre lieu que sa maison, ou même dans sa maison, lorsque son champ se rétrécit, il a besoin d'objets qui fassent lien avec son univers, son entourage familier, son histoire. Il est souhaitable de garder tout ce qui peut l'être, des repères et des choses qui relient la personne à sa vie familière : meubles, photos, objets personnels, dessins des enfants et petits-enfants, lettres… C'est plus important que l'asepsie de la chambre !

Des rites, des fêtes ont jalonné la vie. Le chant est l'un de ces éléments qui traverse le temps, et qui traverse l'opacité de presque tous les états de conscience : chants populaires, cantiques. J'ai chanté à mon père, le matin de sa mort, à sa demande, « Confie à Dieu ta route », cantique qui a marqué toutes nos fêtes familiales. J'ai chanté d'une voix cassée par l'émotion, certes (je savais que c'était la dernière fois), mais nous avons partagé là quelque chose de très important.

Nous avons tous besoin d'appartenance, d'où l'importance de tous ces signes, tous ces rites qui en sont les symboles. Par exemple, il est plein de sens que quelques membres de l'église locale viennent apporter la cène ou l'eucharistie à quelqu'un qui va mourir : il fait encore partie de la communauté, il est en communion. C'est un grand bonheur que soit apportée une part du gâteau d'anniversaire d'un petit-fils ou fille, que soient données des photos.

Il faut savoir que les personnes en fin de vie sont très fatiguées. Ce n'est plus pour elles un plaisir de participer aux fêtes de famille, où l'on est nombreux, où il y a du bruit, ou alors cela peut se faire un petit moment, en mesurant la fatigue. Elles préfèrent voir chacun tour à tour, tranquillement. Par contre, c'est important, grâce à un petit geste, de savoir qu'on y était présent malgré l'absence !

Un besoin de vérité

Dans la fin de vie, on peut s'enfermer dans la rupture de communication, parce que chacun veut épargner l'autre. Or, les gens qui s'acheminent vers la mort le sentent : « Cette année, je ne verrai pas le printemps ». C'est important de ne pas dévier la conversation, de ne pas dénier cette réalité. Si l'on ne sait quoi répondre, on peut dire tout simplement : « C'est ce que tu ressens ? » Cela peut en rester là, ou permettre d'aller plus loin. Je crois qu'il ne faut jamais dire des choses fausses, soi-disant pour rassurer. Par contre, il faut s'en tenir à ce que la personne demande. Le mourant est pleinement un humain. Il peut avoir du chagrin de quitter ceux qu'il laisse, se faire du souci pour eux, il peut avoir peur de la souffrance, du passage, de l'après. Il peut avoir besoin d'en parler.

Ce que le mourant espère, attend, c'est qu'on l'accompagnera jusqu'au bout. Ce qui ne veut pas forcément dire être présent à l'instant de la mort (comme le pensent beaucoup de gens, qui peuvent se reprocher de ne pas avoir été présents au dernier instant), mais c'est être là régulièrement, et, jusqu'à la fin, maintenir ce lien. Le lien est intériorisé. Il n'est donc pas juste de le penser en termes de présence concrète à l'instant même de la mort. Cela n'enlève cependant pas la valeur de cet instant si la réalité permet qu'on le partage.

Rester acteur de sa vie

Si une personne âgée est sur sa fin de vie, il me semble légitime, si son état de conscience le permet, de prendre avec elle les choix médicaux qui peuvent s'imposer comme l'hospitalisation, la poursuite ou non des soins autres que de confort. Mon père aurait pu probablement vivre un mois ou deux de plus, en faisant une nouvelle transfusion. Il était las de vivre. Il a fait le choix de s'en abstenir, après en avoir parlé avec ma mère et avec chacun de ses enfants. Nous avons accepté sa décision. Il est mort en huit jours ensuite, chez lui, paisible.

Le langage vrai sur la mort prochaine permet au mourant, s'il en a besoin, de régler certaines choses de sa vie. Ce peuvent être des choses matérielles qui lui tiennent à cœur, par exemple faire en sorte que ses proches trouvent toutes les affaires en ordre, ou détruire certains papiers intimes. Ce peuvent être des choses tout autres, des réconciliations à faire, des choses à avouer, des liens à renouer, y compris un lien avec Dieu. Il n'est pas rare de voir un mourant rester étonnamment en vie jusqu'à l'arrivée de l'un des siens. Il peut vouloir laisser des indications : écrits, dernières volontés, liste des personnes qu'il veut que l'on prévienne de sa mort…

L'agressivité peut être de la partie. C'est difficile pour les proches. Il ne faut pas la prendre pour soi, elle est le témoin du combat qui se livre dans la personne… Il faut bien trouver un responsable ! La présence et le calme sont les meilleurs atouts.

C'est une phase. Après viendra l'apaisement, et on peut y contribuer.

Parfois, on peut favoriser une sortie brève, même pour un mourant : sortir une journée pour revoir quelque chose, ou pour un événement familial, si c'est la personne elle-même qui le souhaite, même si cela paraît déraisonnable…

Des besoins spirituels

Le mourant ne peut plus s'appuyer sur ce qui faisait auparavant sa valeur sociale. Il est à nu, dans sa vulnérabilité. C'est aussi l'heure de vérité, où souvent le passé défile à toute allure : ce qu'il a fait, pas fait… Il lui faut remettre de l'ordre dans ses idées et ses sentiments. Le mourant peut traîner des sentiments de culpabilité dont il se sent encombré. Il peut se poser des questions sur la mort, le jugement de Dieu, le passage…

Pour ceux qui sont croyants, le partage de la foi a sa place, dans le respect du désir du mourant bien sûr. Il n'y a pas lieu de profiter de sa faiblesse pour lui imposer quelque chose dont il ne voudrait pas. Mais très souvent, il y a une demande de partage. On peut proposer, le cas échéant, l'intervention d'un pasteur ou d'un prêtre, d'un visiteur d'aumônerie… demander si la personne en fin de vie a des désirs précis pour son enterrement ou sa sépulture.

C'est une grande force de penser que Dieu accompagne de sa présence : « Si donc je m'en vais vous préparer une place, je reviens vous prendre auprès de moi, pour que là où, moi, je suis, vous soyez, vous aussi[5]. ». Il y a quelques semaines, j'écoutais un culte protestant à la radio. Il était construit autour de textes de Jacques Brel. J'en ai relevé un : « Qui que tu sois, d'où que tu viennes, quelqu'un t'attend, même si tu ne le sais pas. »

La personne est souvent trop faible pour lire encore facilement, ou ne connaît pas les textes qui peuvent la réconforter. On peut proposer de lui lire certains passages : le Psaume 23, le Psaume 121. « L'Éternel gardera ton départ et ton arrivée dès maintenant et à toujours» et bien d'autres. On peut parler de la présence de Dieu dans ce passage, mais aussi de sa volonté de pardon: «Ce ne sont pas les bien portants qui ont besoin de médecin, mais les malades. Je ne suis pas venu appeler des justes, mais des pécheurs[6]». On peut aider à bien réaliser que Dieu accepte chacun, tel qu'il est, et pardonne si on va vers lui. Pour certains, tourmentés jusque-là, c'est une délivrance. Alors, ils peuvent mourir en paix. En effet, certaines personnes n'en finissent pas de mourir, parce qu'elles ne sont pas en paix. Nous avons déjà abordé ces questions dans d'autres chapitres.

L'entourage familial

L'entourage va traverser, lui aussi, des épreuves difficiles: douleur, mais aussi culpabilité. Parfois, les proches regrettent d'avoir hospitalisé, mis en maison de retraite ou en long séjour celui qui est en train de mourir. Ils peuvent être peinés en même temps que soulagés de la mort prochaine, et se sentent très coupables de pareilles pensées. Ils se reprochent de n'avoir pas assez fait. Comme je le disais, la mort signe la fin de ce que l'on peut faire.

Il est important que les proches puissent dire au mourant qu'ils acceptent de le laisser partir, qu'ils l'y autorisent. Certains désirent partir, mais on les retient, et on prolonge leur souffrance. Les proches, inconsciemment, imposent souvent leur choix pour la fin de vie, au lieu d'entendre la volonté du mourant lui-même.

Les deuils mal faits sont source de dépression ou de maladies ultérieures. Il est important de bien se séparer. Plus on a accompagné au quotidien, et plus la mort va laisser un vide dans la vie de ceux qui restent, tout autant qu'un soulagement. Il est souhaitable, autant qu'il se peut, que l'entourage et celui qui va mourir cheminent ensemble, puissent se parler, régler ce qui est encore en suspens avant cette grande séparation, puissent partager leur peine, pleurer ensemble, se dire au revoir. Pour ceux qui croient en la résurrection, c'est un vrai « au revoir », ou un vrai « à Dieu » au plein sens de ces termes. Ce qui n'empêche pas d'être très tristes d'avoir à se quitter.

Je le répète, il est important que les proches, même les enfants petits, puissent dire au revoir à celui qui part, même si c'est plusieurs semaines auparavant. Ils peuvent aussi, après la mort, aller prendre congé de la dépouille mortelle, s'ils le veulent, en étant accompagnés bien sûr. Les enfants, souvent, font un dessin pour mettre auprès de la personne morte, en cadeau d'au revoir. Une voisine de ma mère m'a émue : elle est venue avec une rose rouge : « Je lui en portais toujours une le premier janvier, j'ai eu besoin de le faire une dernière fois. » Ces actes symboliques sont importants, ils aident au travail de deuil.

« Shalom », ce mot de salutation en Israël, signifie paix. Or, la première fois que l'on trouve ce mot dans la Bible, c'est dès la Genèse. Il est dit à Abraham : « Toi, tu iras en paix vers tes pères ; tu seras enseveli après une heureuse vieillesse[7]. »

Le crépuscule de la vie peut porter l'empreinte de cette paix.

14

La vocation de la vieillesse

• Une qualité de présence • Une fonction de témoin • Des poteaux indicateurs • La transmission : une nécessité vitale • Un port d'attache • Les habitudes et traditions • Nous transmettons tous, même à notre insu • Nous transmettons par la vie • Le contenu de la transmission • Transmettre la foi ? • Un regard tourné vers la vie • Une prière fidèle

Je parlais dans un chapitre antérieur des enfants ou adolescents qui prennent plaisir à aller s'asseoir sur les bancs avec les personnes âgées. Qu'y trouvent-ils donc ?

La vieillesse donne un autre rythme, une sagesse de la vie. Être simplement là, à la même place, chaque jour, c'est peut-être une part de ce qui est important.

Le vieux, s'il vieillit bien, est symbole de sagesse, patience, expérience, avec une écoute sans jugement, un sens de la nuance et du compromis, tout en ayant des positions personnelles clairement exprimées. Le très vieux a parfois une ouverture étonnante. Parce qu'il n'a plus de pouvoir à exercer, il est plus libre.

S'il vieillit mal, il est symbole d'intolérance, de regard négatif sur le présent. Il ne peut remplir sa vocation.

Les grands-parents et les gens de cette génération ont donc un rôle précieux à plusieurs titres.

- Ils ne sont pas les parents, donc les petits-enfants n'ont pas de comptes à régler avec eux,
- Ils sont âgés, d'une autre génération : ils peuvent grandement contribuer à construire pour leurs petits-enfants des repères, sur la vieillesse, la vie, la mort,
- Ils sont plus disponibles : ils peuvent consacrer du temps,
- Ils ont vécu longtemps et vu beaucoup de choses. Ils sont des témoins de l'histoire du monde, de la famille, de l'enfant : ils étaient là avant lui !
- Ils sont eux-mêmes des personnes à part entière. Il y a des choses qui sont essentielles pour eux, il est primordial qu'ils les partagent.

La vocation de la vieillesse est sur le registre de l'être, et non plus de l'avoir ou du faire. La liberté de la vieillesse vient du fait qu'il n'y a plus rien à gagner, la personne très âgée peut se moquer de ce que l'on peut penser d'elle.

Une qualité de présence

Dans notre monde où tout va à toute allure, il est bon de connaître des êtres dont la présence stable est rassurante, qui ne changent pas. Ils viennent de loin dans le temps : cette durée même de leur existence est sécurisante. Ils ont vu naître et grandir les plus jeunes. Ces vieux, ils sont des racines pour les générations qui les suivent.

Souvent, après la mort d'un proche, nous viennent à l'esprit toutes les choses qui disparaissent avec lui, tout ce qu'on aurait aimé lui demander ! Personnellement, c'est après la mort de mon père que je me suis intéressée à la généalogie de notre famille, et que j'ai commencé à poursuivre le travail qu'il avait entrepris, en regrettant de l'avoir fait trop tard pour le partager avec lui. Heureusement, nous avions partagé d'autres choses !

Les jeunes parlent beaucoup, avec les vieux qui leur sont proches, de choses très importantes pour eux : leurs amours, leurs projets, leurs rêves. Et les vieux donnent leur façon de voir. Ils sont souvent très compréhensifs et tolérants avec leurs petits-enfants. Beaucoup de parents s'étonnent : « Mes parents n'étaient pas du tout comme ça avec moi ! Si j'avais raconté le quart de ce que racontent mes enfants, ils m'auraient mis à la porte... » Bien sûr ! Leurs parents étaient plus jeunes, et ils étaient parents, et non grands-parents !!

L'écrivain Madeleine Chapsal évoque l'importance de ces échanges : « C'est le rôle capital qui incombe à l'âge — s'il l'accepte — que d'apporter aux jeunes du vrai et du réconfortant »... « Car j'ai tout retenu, même lorsque je faisais mine de me boucher les oreilles. Et si les jeunes ne semblent pas écouter, ils laissent les paroles « des vieux » (dont il leur arrive de se moquer), faire leur chemin jusqu'au plus profond d'eux-mêmes, là où elles attendent, la saison venue, de germer et de porter leurs fruits [1]. »

Une fonction de témoin

On dit parfois qu'un vieux qui meurt, c'est une bibliothèque qui brûle.

Ce printemps, je suis allée à la présentation d'un livre [2], une chronique de la vie cévenole au XXe siècle, à travers l'histoire d'un homme et de son village, Monoblet. C'était très émouvant. Dans ce village, l'auteur, un vieil homme de 91 ans, a pris la parole pour expliquer comment ce livre avait pris naissance. Jeune homme, durant sa captivité en Allemagne qui dura 5 ans, au cours de la 2e Guerre mondiale, il se mit à écrire pour ne pas sombrer. À la fin de la guerre, il rentra enfin, reprit son travail de paysan. Chaque été le voyait partir en transhumance avec ses moutons. Il se maria. Mais écrire lui manquait. Il se mit donc à remplir des cahiers d'écolier, en racontant la vie quotidienne, les petites anecdotes qui jalonnaient sa vie et celle de son village. Il n'avait jamais songé que cela eût quelque valeur. Il le faisait pour lui… Jusqu'au jour récent où il donna à lire ses cahiers d'écolier à quelqu'un du village, un enseignant qui venait de prendre sa retraite. Ces cahiers bouleversèrent leur lecteur, et celui-ci entreprit, avec plusieurs autres personnes, de les publier, en y joignant des photos d'époque, retrouvées ici ou là, d'autres photos plus récentes…. Une œuvre magnifique, celle de toute une vie, dans sa simplicité et sa beauté unique. Une réalisation où plusieurs générations ont travaillé ensemble. Un bel exemple du chemin de la vie. Et lui, 91 ans, évoquait sans aucune difficulté un passé pourtant lointain, avec une mémoire étonnante, commentant avec simplicité les images qui nous étaient projetées. Je viens d'apprendre sa mort. Il a su léguer aux générations futures un pan de leur passé, avant de quitter cette terre.

Des poteaux indicateurs

Ce n'est pas la fonction des personnes du 3e âge de se croire éducateurs des enfants de leurs enfants. Il est important que les grands-parents ne se trompent pas de place. Par contre, ils peuvent être des repères, des poteaux indicateurs, justement s'ils ne veulent pas « éduquer ». Ils n'ont dans la vie courante rien à permettre ni à interdire. Ainsi, ils sont plus libres de dire comment ils voient la vie, l'amour, les relations entre les hommes, la foi, quelle est la route à suivre, ce qui a du sens pour eux. Et leur parole peut avoir un impact fondamental, si c'est dans un climat de confiance et de liberté. On pourrait dire qu'ils sont des balises qui signalent les écueils, des phares qui peuvent guider dans l'obscurité.

Si une direction est indiquée, on peut la suivre ou non, de toute façon il en reste une trace, dont le sujet se servira un jour ou l'autre, quand il en aura besoin. Il y a quelque temps, dans une émission radiophonique, j'ai entendu un jeune, en prison, parler des lettres de son grand-père, qui a correspondu fidèlement avec lui pendant toute cette épreuve. « Il ne me faisait pas la morale, mais il me parlait de lui, de son évolution, de sa foi, de tout ce qui avait du sens pour lui. Et peu à peu, ça m'a aidé à changer. »

Un poteau indicateur, ça aide à trouver le chemin. Gilbert Cesbron était plus pessimiste : « Les hommes qui vieillissent nous servent de jalons sur le chemin de la mort, rarement de guide[3] » … Dommage ! Il devrait pouvoir en être autrement !

Certains ont sans doute vu des gravures représentant le petit Samuel à genoux en prière, et connaissent les paroles qui y sont rattachées : « Parle [Seigneur] ! Moi, ton serviteur, j'écoute[4] ». Samuel était attaché au vieux prophète Éli, bien handicapé. Lorsque Dieu parle à Samuel, celui-ci croit que c'est le vieillard qui l'appelle. Il y va. Mais non, ce n'est pas Éli qui l'a appelé. Par trois fois, le même scénario se répète. Enfin, Éli comprend que c'est la voix de Dieu, et l'indique à Samuel. Le vieux prophète est ici pleinement poteau indicateur. Même si Dieu ne parle pas ainsi tous les jours, chacun de nous peut avoir ce rôle d'interprète, de panneau sur le chemin.

La transmission : une nécessité vitale

Personne ne peut se construire comme sujet sans s'inscrire dans une histoire. Tout sujet singulier a son histoire propre, qui, elle-même, s'inscrit dans celle de sa famille, dans celle de son pays, dans celle du monde.

J'ai déjà largement parlé de l'importance de l'inscription

dans les lignées. Je vais parler ici plus concrètement des modalités de cette inscription.

Lorsque nous parlons transmission, nous pensons surtout transmission des biens, transmission de savoirs, de culture, de valeurs, transmission de l'évangile, pour les chrétiens.

Un port d'attache

Quelques mots sur la transmission des biens. Donner ne fait pas mourir. Bien souvent une donation par les parents, alors qu'ils sont encore bien actifs, est un symbole de la confiance qu'ils ont en la vie, en leur descendance, même s'ils gardent la jouissance de tout ou partie du bien donné. Et cela évite bien souvent des déchirements et des éclatements familiaux après leur mort. Mais cela signifie aussi que ceux qui donnent ont accepté leur mort à venir !

En ce moment, le 3e âge, pour certains qui sont relativement privilégiés, vit son âge d'or : les retraites sont encore confortables, et nombre de grands-parents peuvent aider un peu enfants ou petits-enfants dont la vie est difficile. C'est bien, c'est précieux, mais il faut veiller à ce que ce ne soit pas le support d'un chantage affectif ni d'une tutelle, et que cela ne devienne pas un assistanat qui rende l'autre passif.

Je voudrais évoquer l'importance des lieux familiaux, pour ceux qui ont le privilège d'en avoir. Paul Tournier avait écrit en son temps un livre sur le sujet[5]. La maison familiale, lorsqu'elle existe, est un de ces lieux d'ancrage. Si les enfants semblent s'en désintéresser, il ne faut pas croire que cela n'a pas d'importance pour eux, ni que leur retrait est définitif. Ils sont en train de construire leur vie et ont d'autres priorités. Mais un temps viendra où cela reprendra de l'importance.

Les parents, tant qu'ils sont en vie, font port d'attache. Nous avons régulièrement fêté Noël chez mes parents, en famille élargie. Cela s'est toujours fait un autre jour que le 24 ou 25 décembre car chacun avait ses occupations et d'autres moments festifs. Longtemps ma mère a fait presque tout le travail. Puis l'âge venant, nous avons pris le relais, nous apportions le repas. Les deux dernières années, cela s'est fait chez l'un de nous, mais avec eux. Ce sont des souvenirs précieux... que chacun garde en son cœur. Je crois qu'il est important de créer et de maintenir ces liens, non pas comme des obligations contraignantes, mais comme des moments de joie partagée. J'ai vu trop de personnes exiger que leurs enfants soient là le jour de Noël, et du coup créer un climat de contrainte. Mieux vaut se réunir huit jours plus tôt ou plus tard que de se rencontrer par obligation !

Les habitudes et traditions

Les traditions, les rites sont porteurs d'histoire et de sens. On hérite de ses aïeux, non seulement des biens matériels, mais aussi des façons de faire, des valeurs, et beaucoup d'autres choses...

En 45 ans de vie commune, mon mari n'a toujours pas compris pourquoi, moi qui suis si désordonnée, je suis maniaque sur le pliage des draps ! Je plie les draps exactement comme ma grand-mère le faisait ! C'est si beau dans l'armoire, tous ces draps bien alignés, qui ont tous la même taille, parce que pliés dans le même sens ! Je prépare aussi certains plats traditionnels de ma grand-mère. C'est un lien d'ancrage précieux pour moi.

Nous transmettons tous, même à notre insu

Transmettre, c'est aussi se démettre : transmettre, c'est « mettre ce qu'on possède en la possession d'un autre », c'est « faire parvenir ». Relevons le fait qu'une fois transmis, le devenir de ce que nous transmettons nous échappe. C'est l'autre qui, à son tour, en fera quelque chose. Si on s'agrippe à l'objet à transmettre au point de ne pas pouvoir le lâcher, on ne transmet pas. C'est un premier point à méditer.

Transmettre, nous le faisons tous, même à notre insu. On transmet forcément quelque chose, même quand on ne le fait pas avec cette intention. Par exemple, en tant qu'êtres humains, nous transmettons forcément une image de la vie. Ce peut être une image négative, inquiétante : le monde est pourri, la vie est infecte... le travail, bof… les enfants... ouf ! Vivement qu'ils s'en aillent... Vivement la retraite... Encore une journée de boulot... Ce peut être au contraire une image positive : la vie est passionnante, elle vaut la peine d'être vécue, les gosses c'est super... c'est sympa d'en avoir... J'aime mon boulot, souvent je m'y régale...

Bien sûr, je caricature, ce sont des paroles extrêmes. En fait, nous avons tous des propos qui changent selon les jours. C'est normal... Mais il y a quand même des tonalités dominantes et notre entourage les intègre pour son bien ou son malheur ! Ne se transmet que ce qui est ancré dans l'expérience vécue ; le discours seul ne suffit pas. Le non-dit se transmet tout autant que le dit (ton de la voix et gestes véhiculent aussi des messages).

Nous transmettons par la vie

Comment transmet-on ? Par ce qu'on dit, par ce qu'on fait, par ce qu'on donne (héritage, mais aussi livres, textes, lettres…), par ce qu'on est. La cohérence de l'ensemble est fondamentale pour la transmission.

Cela peut être conscient ou se faire à notre insu : c'est la dimension de l'inconscient. Des choses de nous se disent, s'expriment, malgré nous. C'est terrible ! Non, cela nous amène à devoir être nous-mêmes, à être authentiques, en acceptant nos réactions, nos limites, en les reconnaissant. Cela nous apprend à être en relation avec notre être total, en acceptant nos contradictions, nos doutes, nos échecs... et même ce qui nous échappe.

Nous n'avons pas besoin d'être parfaits. Notre rôle est autre : il est d'être chaînons de la vie, quelqu'un a dit des « passeurs » de vie, tant au plan humain qu'au plan spirituel. À l'époque de la « guerre du feu », on se transmettait la flamme. Lorsqu'elle arrivait, on allumait son feu, et après, on essayait de l'entretenir pour que la flamme ne s'éteigne jamais. On portait la flamme à d'autres, qui, à leur tour, pouvaient avoir du feu... Je trouve que c'est une très bonne métaphore de la transmission... avec tous les aléas, puisqu'on pouvait se battre pour la flamme, on pouvait aussi essayer de la voler ou d'éteindre celle de l'autre, etc. Il en est de même pour la transmission humaine. Dans cette transmission, la flamme continue de briller pour celui qui l'a donnée, mais elle s'est répandue, se démultipliant au fur et à mesure. C'est comme le grain de blé qui produira toute une gerbe.

L'Ancien Testament parle beaucoup de transmission : « Lorsque vos fils vous demanderont : "Que signifie pour vous ce rite ?", vous répondrez : C'est le sacrifice de la Pâque pour le Seigneur, qui a passé sur les maisons des Israélites en Égypte ; lorsqu'il a frappé l'Égypte du fléau, il a délivré nos maisons[6]. » « Ces paroles que j'institue pour toi aujourd'hui seront sur ton cœur. Tu les inculqueras à tes fils et tu en parleras quand tu seras chez toi et quand tu seras en chemin, quand tu te coucheras et quand tu te lèveras[7]. »

Dans le Nouveau Testament, la grâce prévenante de Dieu imprègne toutes les autres dimensions. Le message est à transmettre dans le respect et l'amour : « Enfants, obéissez à vos parents dans le Seigneur, car cela est juste : Honore ton père et ta mère — c'est le premier commandement accompagné d'une promesse — pour que tu sois heureux et que tu vives longtemps sur la terre. Et vous, pères, n'irritez pas vos enfants, mais élevez-les par l'éducation et les avertissements du Seigneur[8]. ». Le dernier verset de l'Évangile de Matthieu appelle à transmettre, enseigner, mais affirme la présence de Jésus aux côtés des hommes, pour toujours.

Le contenu de la transmission

La première chose que l'on transmet est une lapalissade, mais c'est fondamental : on transmet la vie et on reconnaît ceux à qui on l'a transmise.

Très tôt se transmettent les choses les plus fondamentales, bien avant que nous réfléchissions à ce que nous voulons transmettre. Cela touche, j'en ai longuement parlé, aux repérages les plus signifiants de la vie : vie, mort ; homme, femme ; différence des générations ; sens ou non-sens de la vie.

Tout ceci s'inscrit dans une histoire, une histoire qui nous précède, que nous poursuivons et qui continuera après nous. C'est une dimension essentielle. Le « roman familial » est une histoire vivante, en reconstruction permanente, qui se transmet au fil des générations. Elle n'est pas objective. Elle transcrit des moments familiaux, les transformant quelque peu. Ce n'est pas son exactitude qui est importante, c'est le fait que cela fonde une appartenance, besoin fondamental de l'être humain. Les albums de photos, les petites histoires... tout ceci fait repère. Mes petits-enfants m'ont souvent demandé de leur montrer des photos et de leur raconter comment était leur maman lorsqu'elle avait leur âge. La chaîne continue !

Chaque humain transmet quelque chose du sens qu'il donne à la vie, de multiples façons. Mes nièces m'ont autorisée à insérer dans cet ouvrage un texte qu'elles ont écrit pour l'enterrement de leur grand-mère, ma mère. Ce texte dit de façon magnifique de quoi est faite la transmission, par la qualité du lien établi.

Juste quelques mots à propos d'Yvonne, celle qui était pour nous « mémé ». Quelques mots écrits par Gaëlle et Johanne, mais sans doute approuvés par tous ses petits et arrière-petits-enfants...

Notre petite mémé...

Notre petite mémé... Pas facile de venir vous en parler maintenant... Un peu la gorge serrée et le cœur vide...
Mais elle était vraiment « trop » notre petite mémé, alors il faut qu'on vous le dise... Trop chouette, trop étonnante, trop rigolote, trop têtue parfois, c'est vrai... Bref, cela mérite deux ou trois mots de nous, ses petits-enfants...
Vous en connaissez beaucoup, vous, des mémés de 93 ans

qui produisent de la mousse au chocolat et des meringues, en quantités quasiment industrielles, afin de nourrir toute leur descendance ?
Vous en connaissez beaucoup, vous, des mémés de 93 ans qui ont encore un énorme intérêt pour la vie de ceux qui les entourent, pour leurs activités, leurs questions, leurs soucis, leur cheminement personnel ?
Vous en connaissez beaucoup, vous, des mémés de 93 ans qui peuvent vous tirer les larmes des yeux rien que par la poésie et la richesse de leurs lettres ?
Vous en connaissez beaucoup vous, des mémés de 93 ans faisant de la balançoire avec leurs arrière-petits-enfants ? Ou bien riant aux éclats parce que ceux-ci, télécommande à la main, transforment leur fauteuil inclinable en manège de foire, faisant monter et descendre la mémé avec un bonheur immense et partagé...?
Vous en connaissez beaucoup, vous, des mémés de 93 ans qui s'intéressent de près aux nouvelles technologies ("alors, c'est quoi Internet ? et, comme ça, je pourrais trouver un site sur le scrabble ?») Ou des mémés de 93 ans qui se renseignent sur tout ce qui se passe dans ce drôle de monde, cherchent à comprendre même des sujets très controversés avec une ouverture d'esprit que bien des plus jeunes n'ont pas ?
Vous en connaissez beaucoup, vous, des mémés de 93 ans qui sont d'une telle fidélité que même blessées, en partance pour l'hôpital, elles ordonnent encore de poster la lettre de leur arrière-petite-fille afin que celle-ci la reçoive bien le jour de son anniversaire ?
Vous en connaissez beaucoup, vous, des mémés de 93 ans qui vous prennent sur leurs genoux, quel que soit votre âge, et vous grattent le dos de leurs mains rugueuses de jardinière ?
Bon, je vais m'arrêter là, mais je pourrais continuer encore longtemps comme ça...
Alors, honnêtement, vous en connaissez beaucoup ? Non...
On vous l'avait bien dit qu'elle était «trop» notre petite mémé...
Pour conclure, un dernier souvenir : quand nous étions petites et que depuis notre Drôme, nous venions lui rendre visite à Bizac, elle nous donnait toujours un petit sac rempli

> de bonnes choses à manger pour le chemin du retour. Des biscuits, des bonbons, des mandarines, des meringues, tout un tas de douceurs pour nous accompagner sur la route, pour nous donner des forces, et pour que nous pensions encore un peu à elle une fois partis…
> Eh bien aujourd'hui, je crois qu'elle nous laisse à tous un sac rempli, non pas de meringues, mais de beaux souvenirs pour nous encourager à continuer la route sans elle. Ces souvenirs, ce sont les douceurs qui nous feront penser à elle et nous accompagneront sur nos chemins qui continuent… C'est précieux ! Alors non, aujourd'hui, ils ne sont pas vides nos cœurs, ils sont pleins à craquer de tout cela… Merci notre petite mémé[9] !

Oui, la transmission est au cœur de la vie, dans les grandes comme les petites choses. C'est un immense privilège lorsqu'on a pu vivre ces liens-là. On les emporte avec soi pour toujours. Il serait bon que beaucoup de personnes puissent les vivre, avec leurs ascendants ou avec toute autre personne qui deviendrait leur parrain ou marraine, grand-père ou grand-mère de cœur ! Les liens spirituels peuvent avoir cette richesse, à la condition qu'ils soient également incarnés.

Transmettre la foi ?

Les grands-parents ont le désir de transmettre le sens qu'ils donnent à la vie, quelque chose de leur foi s'ils sont croyants. Or la foi elle-même est avant tout relation. Une relation ne se transmet pas. Si vous voulez que deux personnes entrent en relation, vous organisez une rencontre, vous les présentez l'une à l'autre, et après, cela ne vous appartient plus. Nous avons là, peut-être, une bonne image de la transmission au plan spirituel. Parler de ce Dieu qui est un Père, un ami pour nous, et dire comment on peut le rencontrer est important. « Comment entendraient-ils, s'il n'y a personne pour proclamer[10] ? ». Et cela ne passe pas par des sermons ou des discours moralisateurs, mais par ce que l'on vit et que l'on partage. Mais la suite est leur affaire.

La dette de vie ne peut être payée, c'est une dette que nous ne pouvons régler qu'en faisant de même : en donnant aussi la Vie, de multiples façons.

C'est peut-être cela la transmission, et l'ouverture de la vieillesse. On ne cherche plus à enseigner, à éduquer, mais à partager ce regard sur la vie qui va vers l'essentiel. Ce regard va de pair avec une parole « vraie », c'est-à-dire une parole qui peut nommer même ses propres doutes, ses propres échecs. Sans doute est-ce l'une des richesses de la vieillesse qui a assumé sa vie.

Cela se rapproche du regard de Dieu : un regard qui fait confiance, qui voit les possibles de l'avenir, qui ne fige jamais dans les échecs.

Un regard tourné vers la vie

C'est aussi un regard qui va vers l'avenir, qui continue à voir la vie, alors que sa propre destinée terrestre s'achève. Il y a des actes symboliques : planter un arbre dans sa vieillesse, c'est une façon de faire un lien avec la vie qui continue. C'est important tant pour celui qui, bien que très vieux, est un vivant, que pour ceux qui sont autour et vont poursuivre leur vie !

Le roi David, malgré sa vie agitée, sera un vieillard assagi, jouissant d'une vieillesse heureuse. Il peut, avant sa mort, donner sa bénédiction à son fils, le futur roi Salomon : « Moi, je m'en vais selon le sort commun à tous. Sois fort et sois un homme ! Garde les observances du Seigneur, ton Dieu[11]... »

Une amie me racontait qu'étant enceinte, elle avait rendu visite à une dame chrétienne mourante. Celle-ci avait béni dans son ventre le petit enfant dont la vie sur terre allait commencer. Le magnifique cantique du vieux Siméon est, lui aussi, tourné vers l'avenir : Siméon peut partir en paix, puisque, dans le petit enfant Jésus que ses parents sont venus présenter au temple, il a vu le Messie que le monde attendait[12].

Cette capacité de toujours se tourner vers la vie qui continue, c'est sans doute cela le secret d'une vieillesse réussie.

Une prière fidèle

Accompagner la vie, pour le chrétien, c'est également la porter auprès de Dieu, son Père, dans la prière. Dans un chapitre précédent, je citais les propos d'Antoinette Butte : la prière est action. Prier pour le monde, pour chacun de ses proches, de ses voisins, de ses amis, c'est encore être en lien fort, et être dans la vie. C'est continuer à être acteur, alors même que l'on peut être sur un fauteuil roulant, ou cloué dans un lit, ou en train de mourir.

Plusieurs personnes m'ont parlé du fait qu'elles s'étaient senti portées par leurs grands-parents qui priaient pour elles ; elles ont affirmé que cela avait été important dans leur évolution. Oui, on est au bénéfice des générations qui nous précèdent. Je le crois. La bénédiction de Dieu, nous dit la Bible, s'étend à la descendance de celui qui se confie en lui (jusqu'à mille générations de ceux qui l'aiment et gardent ses commandements[13]…).

Les vieux peuvent être des « veilleurs ».

Conclusion

Une petite lumière sur le sentier

Pendant quelques années, j'ai été installée dans un local professionnel agréable à tous égards : bien situé, spacieux, tranquille. Mais... il y avait des barreaux aux fenêtres ! Ces barreaux ont été pour moi une obsession : j'ai hésité à prendre la location, j'en ai fait des cauchemars, j'étais persuadée que les patients se sentiraient en prison...

Personne ne m'en a parlé sauf... une fois ! C'était un jeune photographe. Au beau milieu du récit de ses misères humaines, il s'arrêta net et me dit : « Vous avez vu ? » Moi, je n'avais rien vu. « Regardez comme c'est beau : l'ombre de vos géraniums, avec les barreaux de la fenêtre! C'est une splendeur!» Les géraniums, je les avais mis pour essayer de ne plus voir les barreaux... À partir de ce jour-là, mon regard a changé.

J'espère que ces pages auront permis à chacun, comme à moi en cette occasion, de changer un peu de regard sur la vieillesse et sur les vieux, et peut-être même sur la mort ... et la vie! Les «barreaux» de la vie n'empêchent pas sa beauté. Peut-être même y contribuent-ils?

Bien vieillir, bien mourir et bien vivre sont intimement liés, tout au long de l'existence. On ne modifie pas brutalement sa façon de concevoir la vie au moment de la retraite. C'est tout au long des années qu'on s'enrichit de multiples façons. J'espère avoir un peu balisé le chemin, comme d'autres l'ont fait pour moi, et avoir fait sentir combien les liens entre les générations constituent une richesse profonde.

Le Dr Tournier tient des propos qui résument bien ce que j'ai essayé de transmettre:

> La vie est à sens unique, sa loi est la même pour tous, elle marche toujours en avant. La vie normale s'écoule harmonieusement, sans retour en arrière ni saut en avant. Je ne propose pas tant aux jeunes, ou aux jeunes adultes, de méditer sur la vieillesse qui n'est pas leur problème, mais bien plutôt de vivre vraiment leur jeunesse présente. On prépare sa vieillesse en prenant tout au long de la vie une attitude positive, c'est-à-dire en vivant de plein cœur chaque étape.
> Un même oui traverse toute la vie, qui est successivement un oui à l'enfance, à la jeunesse, à la vie adulte, à la vieillesse, et finalement un oui à la mort [1].

On vieillit comme on a vécu, du moins en général. On peut parfois avoir le sentiment d'avoir raté beaucoup de choses. Mais le message de l'évangile affirme qu'un renouveau est toujours possible. La vie peut prendre un sens nouveau. Chacun peut contribuer à en transmettre la richesse.

Yvette m'a souvent dit: «Je voudrais une seule chose: être

une petite lumière jusqu'au bout, mais quand même aussi, ajoutait-elle, j'aimerais qu'il me soit épargné de trop souffrir». Au moment où je termine cet ouvrage, elle a cessé sa vie terrestre. J'ai beaucoup travaillé et cheminé auprès d'elle, durant ses derniers mois de vie. Son écoute attentive, ses réflexions, son encouragement ont contribué à ma tâche. Je peux dire que la flamme qui rayonnait en elle a brillé pour moi et pour beaucoup d'autres. Et ce n'est pas fini.

Pour mon jardin, j'ai acheté des photophores. Ils accumulent l'énergie du soleil durant la journée, et la restituent le soir sous forme d'une petite lumière. Elle n'est pas très forte, cette lumière : il faut que la nuit soit tombée pour qu'on puisse la voir. Mais elle est suffisante pour montrer le chemin. Il pourrait en être ainsi de nos vies, en particulier dans la vieillesse. Tout ce que nous avons accumulé comme richesses spirituelles et humaines, nous pouvons le laisser rayonner. Une étoile a guidé les bergers et les mages. Une petite lueur peut guider quelqu'un, sans même que nous le sachions. Une petite lumière n'a pas grand intérêt tant qu'il fait jour, mais dès que le soir tombe, elle trouve toute son utilité.

Pierre Guillet utilise une image qui prolonge mes propos : «Qu'est-ce qui est intéressant dans une bougie ? Ce n'est pas la cire, ni la mèche. C'est la flamme. Que la bougie soit neuve ou qu'elle arrive sur sa fin, la flamme reste la même, elle produit autant de chaleur, autant de lumière. De même, ce qui est important dans l'être humain, ce n'est pas seulement son corps, qui est périssable et qui mourra un jour, c'est son intelligence, son être, qui reste le même de sa naissance à sa mort. La capacité de vivre, le désir de vivre changent selon l'âge, mais n'ont pas d'âge[2]. »

«Tiens ta lampe allumée» dit un chant que l'on apprend aux enfants au temple ou à l'église. Cette lampe est allumée par la flamme d'amour de Dieu, mais entretenue et transmise par des hommes et des femmes de tout âge, jusqu'à leur dernier souffle.

Les dernières paroles de la mère de mon mari ont été : « Je rentre à la maison ». C'est beau. Elle était dans la confiance, assurée par la foi du lieu où elle se rendait.

Monique Rivet était un de ces êtres qu'il a fait bon côtoyer : présente, attentive, discrètement et fidèlement disponible, auprès de ses proches tout autant que dans ses nombreux engagements. Elle a mis sa vie au service des autres. Sa foi vivante la soutenait. Je l'ai connue en pédopsychiatrie où elle était psychologue, et à l'École des Parents dont elle a été longtemps l'une des chevilles ouvrières. Elle était présidente nationale du Nid, association qui œuvre pour l'accueil et la réinsertion des femmes victimes de la prostitution. Elle est morte brutalement, ce printemps, sans que rien l'ait laissé présager. Mais elle y était prête. Lors de la messe célébrée en l'église Sainte-Perpétue, il a été lu un texte qui m'a si profondément touchée, de même que la nombreuse assistance présente, que j'ai demandé à l'insérer dans ce livre. C'est un message qui peut aussi éclairer le chemin. Ses proches m'y ont autorisée. Je les en remercie.

Elle avait écrit elle-même cette prière, qu'elle avait intitulée « Départ ».

Ma mort, je la voudrais comme une fin de course
Où l'on arrive heureux d'avoir atteint le but
Haletant, en sueur, content de crier « pouce ! »
En regardant, serein, le chemin parcouru.

Ce pourrait être aussi le début d'un voyage
Pour un lieu à la fois lointain et familier
Sans qu'il faille emporter le moindre des bagages.
Celui qui nous attend devant tout assurer...

Celui qui nous attend, mais qui tout au long des jours
Nous a accompagnés sur cette route humaine
Partageant nos projets, nos soucis, nos amours
Souriant de nos joies et souffrant de nos peines.

Alors enfin, le temps des « pourquoi » sera clos.
Fini sera le temps des questions sans réponse
Le corps, le cœur, l'esprit trouveront le repos.
Nos soifs seront comblées par sa seule présence[3].

La mort n'est pas l'obscurité, c'est la lampe qui s'éteint lorsque le jour se lève[4].

Notes

Introduction

1 Afin de préserver l'anonymat de ceux que j'ai rencontrés, les prénoms ou noms utilisés ont été modifiés. Les réactions que je mets en relief sont communes à de nombreuses personnes. Tout élément trop précis a été enlevé, sauf si j'ai eu l'autorisation d'en faire mention.

2 1 Thessaloniciens 5. 21

Chapitre 1

1 Simone Veil, *Pesanteur de la grâce*, Plon 2002

2 D. W. Winnicott, La capacité d'être seul, in De la pédiatrie à la psychanalyse, Payot, 1992, p. 325-333

3 Genèse 1. 14-15

4 Dans la mythologie grecque, comme il lui avait été prédit qu'il serait détrôné par l'un de ses enfants, Cronos dévorait ceux-ci au fur et à mesure de leur naissance !

5 Marie de Hennezel, *La mort intime*, Éd. Robert Laffont, 1995, p. 16

6 Luc 2.19

7 Antoine Nouis. Texte préparatoire au synode ERF Parole, parentalité, espérance, quels repères pour les familles

Chapitre 2

1 Jean-Claude Guillebaud, *Le goût de l'avenir*, Éditions du Seuil, 2003, p. 335-336

2 Matthieu 20. 1-16

3 Luc 14.16-24

4 Luc 14.11
5 Luc 9.24
6 Antoine de Saint-Exupéry, *Le petit prince*, Folio Junior, 2004, p. 69-70. Première parution du livre 1943
7 On m'a signalé l'existence de ce texte, identique à un ou deux détails près, sur Internet. Sur le site *prier.be*, il est attribué à Sœur Odette Prévost, petite sœur de Charles de Foucault, assassinée en Algérie le 10 novembre 1995.

Chapitre 3

1 Cette notion a été développée par le Dr Boris Cyrulnik, neuropsychiatre, psychanalyste, qui enseigne aussi l'éthologie, c'est-à-dire l'étude des comportements des espèces animales, en particulier dans son ouvrage *Sous le signe du lien*, Hachette, 1989
2 Daniel Marcelli, *Les yeux dans les yeux*, Albin Michel, 2006
3 Bernard Martino, *Le bébé est une personne*, Série d'émissions télévisées, TF1 entreprise, 1994
4 Robert Lafon, *Vocabulaire de psychopédagogie et de psychiatrie de l'enfant*, PUF 1979
5 Luc 2.41-52
6 Sagesse 4.7-9
7 Éphésiens 4.13
8 Jean 14.6
9 Romains 7.15
10 Madeleine Chapsal, *Le certain âge*, Éditions Fayard 2003, p. 85
11 2 Corinthiens 4.16
12 Gilbert Cesbron, *Passé un certain âge*, Robert Laffont, 1980, p. 166-167
13 Gilbert Cesbron, *Passé un certain âge*, p. 154
14 Ces effets ont été envisagés d'une façon tout à fait passionnante par le philosophe Marcel Gauché, *La redéfinition des âges de la vie, Revue Le débat*, n°132, 2004
15 Maurice Tubiana, *Le bien-vieillir*, Le livre de poche 2006, p. 86-87
16 J'emprunte ces mots au titre d'un livre du Dr Kubler-Ross, médecin américain, née en Suisse, qui a décrit la première les différentes étapes de l'acceptation de la mort. Élisabeth Kubler-Ross, *La mort dernière étape de la croissance*, Éditions du Rocher, 1985

Chapitre 4

1 Exode 20.12
2 Genèse 2.24
3 Françoise Dolto, *La cause des enfants*, Robert Laffont, Paris 1985, p. 398

4 Deutéronome 5.10
5 Dossier : *D'un âge à l'autre, des lieux pour la vie*, Revue L'École des Parents, mars 2006, p. 18

Chapitre 5

1 Françoise Dolto, *L'image inconsciente du corps*, Seuil, 1992
2 1 Thessaloniciens 5.23
3 Galates 5.19-21
4 1 Corinthiens 12.12-26
5 Cette méthode a été créée par le Dr Michel Sapir. Elle est employée à titre thérapeutique et pour la formation des soignants. Le « lâcher prise » que représente l'état de relaxation favorise l'émergence de sensations corporelles, parfois liées à des temps très anciens, agréables ou difficiles, et de ce qui s'y associe dans la pensée. C'est un travail qui met en jeu la dimension de l'inconscient.
6 1 Corinthiens 6.19
7 Pierre Guillet, *L'aventure de l'âge*, Hatier, 1989
8 Lévitique 19.14

Chapitre 6

1 Sigmund Freud, *Au-delà du principe de plaisir*, in *Essais de psychanalyse*, Payot, 1985
2 Certains des aspects développés ici seront approfondis dans des chapitres ultérieurs.
3 Romains 6.23
4 Deutéronome 30.19-20
5 Luc 15. 24
6 Luc 16.19-31
7 Jean 3.16-19
8 Matthieu 7.21
9 1 Corinthiens 15.12, 14, 20
10 1 Corinthiens 15.26
11 Psaumes 23.4
12 Romains 8.38-39
13 Philippiens 1.21
14 André Berge, *Contre la peur de vivre et l'angoisse de mourir*, Grasset 1963
15 Matthieu 19.19

Chapitre 7

1 Un de mes proches, pasteur, m'a signalé que le mot hébreu traduit par « aide » n'est employé par ailleurs qu'en référence à Dieu.

2 Genèse 2.18
3 Jean-G. Lemaire, *Le couple : sa vie, sa mort*, Payot, 1979
4 Revue L'École des Parents, *D'un âge à l'autre, des liens pour la vie*, N° 556, Février 2006
5 Jean 13.34
6 Galates 3.26
7 Éphésiens 2.19

Chapitre 8

1 Cité par Dr Soly Bensabat, *Le stress, c'est la vie*, 1990, France-Loisirs, p. 43
2 Danièle Brun, *L'enfant donné pour mort*, Dunod, 1989
3 Pierre Guillet, *L'aventure de l'âge*, Hatier, 1989
4 Lamentations de Jérémie 5.12
5 Genèse, et Exode 31.17
6 Exode 20.8
7 Deutéronome 5.15
8 Marc 2.27-28
9 Michel Philibert, André de Robert, Antoinette Butte, *Enfin du temps pour l'essentiel*, Cahiers de Pomeyrol, 1972
10 Ibid, p. 57
11 Ibid, p. 80
12 Karl Barth, *Dogmatique* V.III- T.IV, p. 323
13 Alain Rey, *Dictionnaire historique de la langue française*, Dictionnaire Le Robert 1998

Chapitre 9

1 Source : INSEE recensement de la population 1999, Insee Première n° 788, juillet 2001
2 Source : INSEE Languedoc-Roussillon, modèle Omphale 2000, scénario central
3 Élisabeth Kubler-Ross, *Les derniers instants de la vie*, Labor et Fides, 1975, *Accueillir la mort*, Pocket, 2002
4 André Berge, *Contre la peur de vivre et l'angoisse de mourir*, Grasset 1963, p. 168
5 Jean 4
6 1 Corinthiens 10.13
7 Antoine de Saint Exupéry, *Le petit prince*, p 69-70
8 Luc 5.16
9 Matthieu 28.20

Chapitre 10

1 Sigmund Freud, Note sur le « Bloc-notes magique », résultats, idées, problèmes, PUF, 1985
2 Matthieu 18.22
3 Matthieu 18.21-35
4 Ésaïe 53.4-5
5 Matthieu 11. 28
6 Guillet ibid. p. 96
7 Guillet ibid. p. 96
8 Guillet ibid. p 104

Chapitre 11

1 Grand Dictionnaire Larousse en 5 volumes, édition 1993
2 Source INSEE LR modèle Omphale 2000, scénario central.
3 Il est à l'origine du Serment d'Hippocrate, que prêtent les médecins lors de leur soutenance de thèse, à la fin de leurs études médicales.
4 Paul Tournier, *Médecine de la personne*, Delachaux&Niestlé, 1988
5 Deutéronome 30.19
6 Jean 9.3
7 Matthieu 9.12
8 Les cahiers de Laennec, *La souffrance de celui qui meurt*, 32e année, 1984, p. 3
9 Michaël Balint, *Le médecin, son malade et la maladie*, Payot, 1960
10 Hébreux 10.10, 1 Pierre 3.18
11 En référence à Jacques 5.14

Chapitre 12

1 Source INSEE 2001, enquête HID (Handicap Invalidité Dépendance). Repris dans le rapport de la cour des comptes : *Les personnes âgées dépendantes*
2 Mêmes sources
3 Source Direction des études et synthèses économiques G 2004/ 02, reprise de l'enquête HID.
4 Revue Réformée n° 219, 2002. 4, Aix-en-Provence
5 Luc 15
6 Thierry Tournebise, *Personnes âgées - Autonomie, dépendance, santé mentale*, 20.05.2001
7 Maurice Tubiana. Ibid. p. 312-313

Chapitre 13

1 Luc 10.25-37

2 Nombres 19.11 et suivants
3 Marc 5.35-41
4 Jean 11
5 Jean 14.3
6 Marc 2.17
7 Genèse 15.15

Chapitre 14

1 Madeleine Chapsal, ibid. p. 86-87
2 *Les cahiers de Bernard Michelin*, Com'Impact Impression, Alès, 2006
3 Gilbert Cesbron, Ibid. p. 171
4 1 Samuel 3.10
5 Paul Tournier, *L'homme et son lieu*, Delachaux & Niestlé, 1966
6 Exode 12.26-27
7 Deutéronome 6.6-7
8 Éphésiens 6.1-4
9 Calvisson, décembre 2005
10 Romains 10.14
11 1 Rois 2.2-3
12 Luc 2.29
13 Deutéronome 5.10

Conclusion

1 Paul Tournier, *Apprendre à vieillir*, Delachaux & Niestlé 1976, p. 211, 212
2 Pierre Guillet, ibid. p. 70
3 Monique Rivet, Départ, 12 mars 2007
4 Auteur inconnu

Table des matières

Les Éditions Farel seraient heureuses de recevoir vos remarques et réactions à propos du livre que vous venez de lire. Notre site internet vous réserve un espace à cet effet dans la fiche détaillée de chacun de nos ouvrages.

www.editionsfarel.com

Nos livres sont disponibles à la librairie chrétienne la plus proche de chez vous et sur commande dans toute autre librairie.

Vous pouvez également les commander sur notre site internet très complet où vous découvrirez notre catalogue détaillé, nos nouveautés, interviews, extraits de livre, sujets d'actualité, revues de presse, et bien plus encore.

ÉDITIONS FAREL
19 rue Georges Bidault-Bâtiment F
CROISSY BEAUBOURG
77435 MARNE LA VALLEE CEDEX 2 - FRANCE

☎ (33) 01 64 68 46 44 - 🖷 (33) 01 64 68 39 90
E-mail : lire@editionsfarel.com
Site : www.editionsfarel.com

À découvrir aux Éditions Farel

Les langages de l'amour

Les actes qui disent « je t'aime »

Gary Chapman

Comment faites-vous comprendre à vos proches que vous les aimez ? Conjoint, amis, enfants perçoivent-ils vraiment votre amour pour eux ? S'il vous est difficile de manifester votre affection, cet ouvrage clé du bien connu conseiller conjugal, Gary Chapman, vous sera très utile. En effet, le besoin affectif chez chacun prend une forme différente. Apprendre à décoder le langage de l'autre pour mieux communiquer avec lui et lui manifester son amour est important. Simple et clair, ce livre best-seller est pour ceux qui veulent aimer toujours mieux.

Format : 14x21 cm **ISBN** : 978-2-86314-192-2

À découvrir aux Éditions Farel

Les pages d'une vie

Connaître son histoire, façonner son avenir

Dan Allender

« La vie de chacun est une histoire. Mais beaucoup de gens ne savent pas lire leur vie de manière à la comprendre. Ils passent à côté du véritable sens de leur existence et ne voient pas comment Dieu l'a écrite pour se révéler et pour révéler sa propre histoire. »

Vous cherchez la direction de Dieu à un moment charnière de votre vie et le chemin à parcourir vous semble long et confus… Et si vous commenciez par relire les pages de votre vie en compagnie du thérapeute et écrivain Dan Allender ? Vous serez surpris par tout ce qu'elles vous révéleront sur Dieu et sur vous-même.

L'histoire personnelle est sans doute l'élément qui forge le plus la vision, les tendances et décisions de chacun. Ce livre vous aidera à comprendre ce processus. En étant à l'écoute de son vécu et en écrivant l'histoire de son passé, il est possible d'aborder enfin l'avenir avec sérénité. Un ouvrage empreint d'espoir qui se démarque beaucoup des réflexions habituelles sur la volonté de Dieu.

Format : 14x21 cm **ISBN** : 978-2-86314-350-6

À découvrir aux Éditions Farel

L'influence d'une mère

Surmonter une relation mère-enfant déficiente

Henry Cloud et John Townsend

La relation mère-enfant modèle notre vision du monde. Comment, ayant des carences maternelles se reconstruire et développer de meilleures relations avec mère, enfants, conjoint, amis. Six portraits-types de mères sont ainsi identifiés par les deux auteurs psychologues. Bien illustré par des exemples réels, un livre encourageant et transformateur.

Format : 14x21 cm **ISBN** : 978-2-86314-290-5

À découvrir aux Éditions Farel

Les langages d'amour des solos

Réussir sa vie relationnelle

Gary Chapman

Conseillant et accueillant, depuis plus de trente ans, des adultes seuls, l'auteur est sensible aux difficultés particulières qu'ils rencontrent. Il donne un grand nombre d'exemples réels et d'anecdotes spécifiques qui aideront le lecteur à améliorer sa vie relationnelle. Ainsi, il offre des solutions à la personne seule pour développer des relations agréables avec sa famille, ses amis et ses collègues de travail. Il apporte aussi une aide précieuse pour créer des liens avec une nouvelle personne ou réussir une relation amoureuse. Le point essentiel est d'apprendre à discerner, chez soi et chez les autres, les moyens privilégiés d'exprimer et de recevoir l'amour.

Un livre écrit à l'intention des personnes seules, jeunes ou plus âgées, veuves, séparées ou n'ayant jamais vécu en couple.

Format: 14x21 cm **ISBN**: 978-2-86314-318-6